국민입법제를
도입하자

국민입법제를 도입하자

이정희 지음

민중의소리

국민입법제를 도입하자

초판 인쇄 2020년 5월 7일
초판 발행 2020년 5월 18일

지은이 이정희
편집 이동권

펴낸이 윤원석
펴낸곳 민중의소리
마케팅 최재덕
전화 02-723-4260
팩스 02-723-5869
주소 서울시 종로구 삼일대로 469 서원빌딩 11층
등록번호 제101-81-90731호
출판등록 2003년 1월 1일

값 10,000원 ⓒ이정희, 민중의소리 ISBN 979-11-85253-78-7 03340

이 도서의 국립중앙도서관 출판예정도서목록(CIP)은
서지정보유통지원시스템 홈페이지(http://seoji.nl.go.kr)와
국가자료공동목록시스템(http://www.nl.go.kr/kolisnet)에서 이용하실 수 있습니다.
(CIP제어번호: CIP2020015630)

국민입법제를 도입하자

민중의소리

서문

1년 365일 주권자가 되는 선택, 국민입법제

다른 방법은 없었을까?

하나. "위법하지만 무효라고 할 수 없다"

2009년 7월, 이명박 정부와 한나라당이 국회에서 미디어법을 강행 처리했다. 이명박 정부는 2008년 광우병 위험 미국산 소고기 수입 반대 촛불집회의 발단을 제공한 것이 MBC 'PD수첩' 프로그램이었다고 여기고 방송 통제 방법을 찾는데 몰두했다. 그 중 가장 중요한 수단이 이른바 '미디어법 개악'이었다. 당시 '방송법', '신문 등의 자유와 기능보장에 관한 법률'은 신문사가 방송사까지 소유하는 것을 금지하고 있었다. 거대 언론의 독과점을 막기 위해서였다. 재벌 대기업과 외국자본의 방송사 지분 소유 역시 금지되었다. 방송의 공정성을 확보하기 위해서다. 이명박 정부는 이 두 금지사항을 없애는 미디어법 개악을 추진했다. 거대 신문사와 재벌대기업에 '종합편성채널'을 주기 위해서였다.

이명박 정부에서는 국회 본회의가 열릴 때마다 여당과 야당 사이의 물리적 충돌이 끊이지 않았다. 미디어법 개악 때는 더했다. 한나라당 의원들은 야당의 반대에 부딪히자 본회의장에 들어오지도 않은 다른 의원 좌석에 가서 찬성 버튼을 누르기까지 했다. 표결절차의 위법이 분명했다. 야당 의원들은 헌법재판소에 미디어법이 위헌무효임을 확인해 달라고 청구했다. 헌재는 표결절차의 위법을 인정했다. 하지만 위헌 위법 상태의 시정은 국회에 맡겨두는 것이 바람직하다는 이유로 무효확인 청구는 기각했다.

이 법에 따라 TV조선, 채널A 등 종합편성채널이 탄생했다. TV조선과 채널A는 종북몰이의 온상이 되어 박근혜 대통령 당선에 핵심 역할을 했다. 2020년 3월 실시된 재승인심사 때도 TV조선은 중점 심사 항목인 '방송의 공적책임·공정성의 실현가능성 및 지역·사회·문화적 필요성'의 평가점수가 배점의 50%에 미치지 못할 정도로 방송의 공정성을 해하고 민주주의를 훼손했다. 하지만 지금도 종편 방송은 계속된다.

민주주의와 기본권 보장에 거스르는 법도 국회에서 통과되기만 하면 효력을 발휘한다. 절차가 위법해도 효력을 잃지 않는다. 국민이 막을 방법이 없다. 그 폐해는 사회 전체에 미친다. 회복하는 데는 오랜 시간과 노력이 든다. 그 부담도 모두 국민이 감당해야 한다.

다른 방법은 없었을까? 만일, 위법한 절차로 통과되었음이 명백한 미디어법을 시행 전에 국민들이 국민투표에 회부해 폐기시킬 수 있는 제도가 있었다면 다르지 않았을까? 미디어법 개악을 무효로 만들 수 있지 않았을까?

둘. "어쩔 수 없다"

2014년 4월 16일, 세월호가 침몰해 304명이 희생되었다. 박근혜 정부와 청와대는 구조책임을 다하지 않고서도, 진상규명운동을 정권 흔들기라고 비난하고, 희생자 가족과 진상규명운동에 참여한 이들을 종북이라고 공격했다. 세월호 가족대책위원회는 세월호특별조사위원회에 수사권과 기소권을 부여해 진상을 철저히 밝히고 책임자를 처벌하며, 안전한 나라 건설을 위한 특별법을 제정하자는 서명운동을 벌였다. 1천만명이 넘는 국민이 서명에 참여했다. 가족대책위는 2014년 7월 9일, '4·16 참사 진실규명 및 안전사회 건설 등을 위한 특별법' 제정을 국회에 청원했다.

그러나 여당인 새누리당이 완강하게 거부하자 민주당은 통과를 위해서는 어쩔 수 없다며 독립적 수사권 확보 등 핵심 조항을 포기했다. 희생된 단원고 학생들의 부모들은 "어쩔 수 없다는 말, 타협하라는 말이 너무 싫다"고 토로했지만, 아무 것도 통과되지 못한 채 둘 수만은 없어 결국 수사권과 기소권이 빠진 특별법을 받아들일 수밖에 없었다.

국민입법제를 도입하자

어렵게 출범한 세월호특조위는 정부의 조직적인 방해에 시달렸다. '(사)4.16세월호참사 진상규명 및 안전사회 건설을 위한 피해자 가족협의회'는 지금도, 해경은 왜 승객들에게 퇴선 지시조차 하지 않았는지, 세월호 급변침과 침몰의 원인은 무엇인지, 박근혜 정부는 왜 참사 당일 대통령 기록물을 봉인하고 진상규명을 방해했는지 묻고 있다. 아직도 진실은 온전히 드러나지 않은 상태다.

국민이 낸 법률안은 국회에서 누더기가 되어도 어쩔 수 없다. 국회의원들에게 무릎 꿇고 사정해야 비로소 조금이라도 입법될 수 있다. 대한민국의 모든 권력은 국민으로부터 나온다는 헌법 제1조가 부끄럽다.

다른 방법은 없었을까? 가령, 국민이 낸 법안을 국회가 부결시키거나 수정하더라도 원안을 국민투표에 회부할 권리가 있었다면 다르지 않았을까? 수사권과 기소권을 가진 세월호특조위가 만들어져 진실규명작업의 진전을 이뤄낼 수도 있지 않았을까?

문제 법안일수록 조용히 처리하는 기술

국회의원으로 일하면서 본 국회입법과정은 그리 신뢰할 만한 것이 아니었다. 소속 위원회 소관 법률이 아니면 본회의 의결 전에 개정안 요지를 한 번 훑어보기도 벅찼다. 관련 사회단체나 언론을 통해 문제가 이미 제기된 개정안을 제외하면, 본회의장에서 1~2분 단위로 처리되는 개정안들을 열어보며 문제가 없나 급히 살펴보는 일이 허다했다.

국회의 심의는 모두 교섭단체(의석을 20석 이상 가진 정당이나 의원들 모임)들의 합의에 따라 이루어지니, 소수정당 의원이나 무소속 의원은 어떤 개정안이 회의에 올라오는지 전날 또는 회의 직전에야 알게 되는 때가 많았다. 여론의 중심에 놓인 중요 의안이 아니라면, 소위원회, 상임위원회, 법제사법위원회로 이어지는 심의과정에서 개정안 내용이 바뀌어도 쫓아가지 못하는 때도 잦았다.

교섭단체에 속한 의원이라 해도 국회 본회의에 올라오는 개정안들의 내용을 다 알아보고 판단하기는 어려울 터다. 같은 당의 소관 상임위 의원들이 합의해 처리한 것이니 문제 없으리라 믿고 찬성 표결에 이르렀을 가능성이 크다. 상임위에서 무사통과된 법안에 교섭단체 소속 의원 누구도 반대의견을 내지 않다가, 본회의에서 소수정당 의원의 5분 반대토론을 듣고는 의견을 바꿔 부결시키는 경우도 드물지만 생겨난다. 이렇게 본회의장에서라도 법률안의 문제가 지적되면 다행스러운 일이다.

하지만 그렇지 못한 경우 문제가 심각해진다. 나는 2010년 2월 국회 운영위 법안심사소위원회 위원으로 '대한민국헌정회 육성법' 개정안을 통과시켰다가, 8월 경 언론의 지적을 받고서야 비로소 잘못된 판단이었음을 깨닫고 공식 사과한 일이 있다. 이른바 '국회의원 연금'으로 불리는 '연로회원지원금' 조항 신설에 관해서다. 소위 회의 전날 통지된 이 안건을 미리 검토하지 못한 상태에서, 관련 예산이 이미 오랫동안 편성 집행되고 있는데 법적 근거가 필요해 조항을 만드는 것이지 이 조항 신설로 예산이 새로 편성되거나 늘어나지는 않는다는 설명을 듣고는 반대의견을 내지 않은 것이다. 법안은 초고속으로 운영위, 법사위, 본회의를 통과해 의결되었다. 발효 후 5개월이 지난 뒤에야 언론 보도로 이 개정 내용이 널리 알려졌다. 국민 여론의 절대 다수는, 국회의원 연금은 부당한 특권이니 아예 없애야 한다는 것이었다. 이것이 옳았다.

뒤늦었지만 잘못을 바로잡아야 했다. 하지만 일단 근거 조항을 넣은 법이 통과되고 나니, 국회의원 연금 폐지를 위한 개정안 발의에 필요한 10명 국회의원의 서명을 모으는 것도 쉽지 않았다. 다음 19대 국회에서 개정안이 통과되었지만 연금 지급 대상이 다소 줄었을 뿐, '원로회원지원금'은 아직도 남아있다. 2015년에도 전직 국회의원의 40% 가량인 월 평균 418명이 최대 월 120만원을 국고로부터 지원받았다.

내가 저지른 것과 비슷한 잘못이 지금은 완전히 예방되고 있는 것도 아니다. 2019년 8월 2일, 국회는 '산업기술의 유출방지 및 보호에 관한 법률'(산업기술보호법) 개정안을 통과시켰다. 국가기관·지방자치단체·공공기관 등은 국가안전보장 및 국민경제 발전에 악영향을 줄 우려가 없는 경우를 제외하고는 국가핵심기술에 관한 정보를 공개해서는 안된다는 것이 개정 요지다. 법 개정 후 한동안은 아무런 비판도 제기되지 않았다.

이 조항의 문제가 드러난 것은 몇 달 뒤 삼성반도체에서 백혈병으로 사망한 노동자 유족들의 소송과정에서였다. 산업재해임을 입증하려면 삼성전자 반도체 제조공정에 쓰인 화학물질의 이름과 용도, 취급량 정보가 필요했다. 산업통상자원부는 이 정보가 들어있는 '삼성전자 작업환경측정결과보고서'를 가지고 있었다. 유족들은 산자부를 상대로 정보공개를 요청했다. 그런데 개정된 산업기술보호법이 시행된 직후인 2020년 2월 20일, 서울행정법원은 "산업통상자원부가 국가핵심기술로 지정했으니 비공개 정보"라는 이유로 유족들에게 패소판결을 내렸다. 유족들은 이 개정법이 국민 건강에 유해한 결과를 초래하는 산업재해의 입증을 어렵게 한다며 헌법소원을 냈다.

자유한국당 윤영석 의원이 발의한 개정안 개정이유에는, "삼성전자의 반도체 공장 관련 자료 정보공개 청구 소송에서 국가핵심기술 유출에 대한 논란이 있었는데, 현행법에는 국가핵심기술에 관한 정보를 비공개로 한다는 조항이 없어 국가핵심기술의 보호에 취약한 측면이 있"다고 명시되어 있다. 소위원회 심의에서 자유한국당 이철규 의원은 "지난번에 삼성인가 보면 무슨 제조과정에 대해 가지고 영업기밀인가 제조원가인가 뭘 내놓으라고 했었지요? 당장 이거 내놓으라고 할 것 아

국민입법제를 도입하자

니에요? 생각을 해 보세요."라고 발언한다. 유족들이 이 개정안을 '삼성 청부입법'이라고 지적한 배경이다.

그런데도 이 개정이유에 따른 개정안은 본회의 출석의원 210명 가운데 4명 기권을 제외하고는 정의당, 민중당 소속 의원까지 포함한 전원 찬성으로 처리되었다. 단 한 명의 반대토론도 없었다. 문제법안일수록 조용히 처리된다. 문제가 있음이 지적되고 알려지면 국회의원들도 쉽게 찬성하지 못할 것이기 때문이다.

다른 방법은 없을까? 국회의원 스스로가 잘못 처리한 법률임을 늦게라도 깨닫고 자신의 잘못을 반성하고 사과하는데 국회 다수는 이를 고치려 하지 않을 때, 국민들이 나서서 국민투표로 개정안을 폐기시킬 수 있다면 어떨까?

국회의원은 누가 통제할 수 있나

지방자치단체장과 지방의원들에 대해서는 2006년 주민소환제가 도입되었다. 주민들에 의해 당선되었더라도 위법한 행위 또는 주민 의사에 반하는 독단적이거나 부적절한 행위를 한 단체장과 지방의원은 임기 중에라도 주민이 그 자리에서 끌어내릴 수 있게 된 것이다. 그러나 국회의원들은 다르다. 범죄를 저지른 국회의원도 선거법이나 정치자금법 위반이면 벌금 100만원 이상, 국회 회의 방해 목적의 폭력행위 등이면 벌금 500만원 이상, 그 밖의 다른 범죄면 금고 이상의 형이 확정되지 않는 한 임기를 채운다. 민주주의를 후퇴시키는 악법 제정에 앞장서는 의원, 국회의원 지위를 남용한 갑질, 혐오표현을 일삼아 저질정치를 만드는 의원이라도 임기 중에 국민이 끌어내릴 방법이 없다. 국회의원에 대한 국민소환제가 도입되지 않았기 때문이다.

왜 지방자치단체장과 지방의원들에게는 주민소환제가 도입되었는데 국회의원에 대한 국민소환제는 없을까? 주민소환제 도입 당시, 지방자치단체장들은 국회의원도 같은 선출직인데 왜 지자체 선출직에게만 주민소환제를 도입하느냐는 반론을 제기했다. 그 즈음 국회의원 국민소환법안이 국회에 제출되자 지자체장들의 반대가 줄면서 주민소환법이 통과될 수 있었다. 하지만 국민소환법은 흐지부지되고 말았다. 국민소환제 도입 가능성은 그로부터 14년이 지난 2020년에도 희박하다. 그 법률을 만들 권한은 오직 국회의원들만이 가지고 있기 때문이다.

국회의원들이 받는 수당은 2015년 기준으로 1인당 GDP의 5.27배에 이른다. 경제협력개발기구(OECD) 3위 수준으로 높다. 그 지급기준은 '국회의원 수당 등에 관한 법률', '국회의원 수당 등에 관한 규칙'에 정해져있다. 국회의원들이 스스로 만든 기준이다. 국회의원 수당을 도시근로자 월평균 소득 내지 최저임금 수준으로 낮춰야 한다는 제안은 늘 나오지만, 국회의원들은 이를 받아들이지 않는다. 국회의원들의 이익 추구를 억제하는 법안은 누가 만들 수 있는 것인가.

국민들이 통제권을 행사할 수 있어야 이 상황을 바꿀 수 있지 않을까. 국민들이 법안을 발의하고 통과시킬 수 있는 제도를 만드는 것이 국회의원의 사익 추구를 막는 가장 빠른 길 아닐까.

가속기와 제동장치, 국민발안권과 국민거부권

'민주주의'라는 버스에 오른 승객들은 두 가지 도구를 가질 수 있어야 한다. 하나는 버스를 운전하는 선출된 정치인들에게 제동을 걸기 위한 도구다. 버스가 과속하거나 잘못된 길로 들어서면 국민들이 멈춰세우고 길을 되돌릴 수 있어야 한다. 다른 하나는 박차를 가하기 위한 도구다. 정치인들이 유권자 다수의 의사에 따른 제도 개선을 가로막는다면 국민들은 가속 페달을 밟을 수 있어야 한다.[1] 가속기는 '국민발안권', 제동장치는 '국민거부권'이다.

국민이 헌법과 법률의 개정안 발의로부터 국민투표까지 끌고나갈 수 있는 '국민발안권'이 인정되어야 한다. '국민발안 국민투표제'다. 간단

---

1) 토마스 베네딕토 지음, 성연숙 옮김, 『더 많은 권력을 시민에게』, 다른백년, 2019, 32쪽.

히 '국민발안제'라고 하자. 국민은 국회가 통과시킨 잘못된 법률을 폐기시킬 수 있는 '국민거부권'을 행사할 수 있어야 한다. '폐기 국민투표제'다. 그래야 민주주의를 진전시키고 사회 진보를 앞당길 수 있다. 이 두 가지 권리를 행사할 수 있는 직접민주주의 제도를 '국민입법제'로 불러보자.

'국민발안제'는 국민이 개헌안이나 법률 제개정안을 발의하고 국민투표로 개헌 또는 법률 제개정을 실현시키는 제도다. 개헌안 또는 법안 발안위원회를 만들고 일정 수 이상 국민들의 동의를 얻으면, 개정안을 발의할 수 있을 뿐만 아니라 이에 그치지 않고 국민투표까지 부칠 수 있게 한다. 국민이 발의한 개헌안은 바로 국민투표에 회부된다. 국민이 발의한 법안에 대해 국회는 심의를 거부하거나 의결을 미룰 수 없고 정해진 기간 안에 심의와 의결을 마쳐야 한다. 국회가 발의안을 부결하거나 아예 의결하지 않고 미뤄두면 발의안은 자동으로 국민투표로 넘어간다.

국회는 국민발안에 대해 국회의원들의 뜻을 모아 하나의 대안을 만들어 의결할 수 있다. 그러나 발안위원회가 국회의 대안이 원안의 취지를 충분히 반영했다고 보거나 대안에 만족하여 원안을 철회하지 않는 한, 원안은 국민투표에 회부된다. 국회의 대안도 함께 국민투표 대상이 된다. 원안을 선택할지, 대안으로 할지, 아무 개정도 하지 않을지 최종

국민입법제를 도입하자

결정권은 국민이 갖고, 국민투표를 통해 결정한다.

'폐기 국민투표제'는 국회가 가결한 법률 개정안에 대해 일정 기간 안에 국민이 국민투표를 제안해 개정 법률을 폐기시키는 제도다. 폐기 의견이 다수라면 개정 법률은 폐기되고 법률은 개정 전으로 되돌려진다.

지금의 대의제는 국회의원들과 정부만이 입법안을 발의할 수 있고 국회의원들만이 의결할 수 있게 되어 있다. 국민들은 아무리 자기 손으로 뽑은 국회의원이라도 어떤 입법에 나서도록 강제할 법률적 권한을 갖고 있지 않고, 국회의원이 추진하는 입법을 막을 수도 없다. 찬반 의견을 내고 다음 선거에 반영할 뿐이다.

그러나 '국민발안제'와 '폐기 국민투표제'가 도입되면, 국민의 주권자로서 권리는 국회의원을 뽑을 권리에 머물지 않게 된다. 국민은 직접 국가정책의 결정에 관여하고, 사회의 틀을 바꾸는데 한 표를 행사한다. 이 '국민입법제'를 통해, 국민은 4년에 단 하루 선거하는 날 뿐만 아니라 1년 365일 주권자가 된다.

국민이 국민발안권과 국민거부권을 가지면 국회의원들은 백지 위임장을 받은 것처럼 행동할 수 없다. 인권보장에 지체하면 국민이 법을 제안해 만들 것이고, 민주주의를 후퇴시키는 법을 만들면 국민이 폐기시켜 원상회복시킬 것이기 때문이다.

직접민주주의제도로서 국민입법제는, 주권자가 구성한 대의기관이

민주주의 기관으로 기능하지 못하고 과두제 기관으로 전락할 위험에서 벗어나게 하는 안전장치다. 국민입법제는 대의제 민주주의가 제대로 작동하지 않을 때 민주주의를 진전시키는 보완장치다.

단 하나만 바꿔야 한다면, 국민입법제!

헌법 제1조, "대한민국은 민주공화국이다. 대한민국의 주권은 국민에게 있고, 모든 권력은 국민으로부터 나온다."는 1948년 제헌헌법부터 줄곧 헌법 첫 머리에 올려져 있었다. 그러나 이승만 박정희 독재치하에서 이 조항은 독재를 가리기 위한 겉치장에 불과했다. 국민들이 1987년 6월 항쟁으로 전두환 군부독재를 무너뜨리기까지, 대한민국 헌법은 '장식헌법'이었다. 6월 항쟁 이후 비로소 대통령 직선제 회복을 필두로 정치 민주화가 시작되었고, 정권교체로 이어졌다. 헌법의 기본권보장 조항들이 그제서야 현실에 적용되기 시작했다.

그러나 헌법 제1조에 적힌 대로 국민이 주권자로서 권리 실현을 요구하기 시작한 때는 6월 항쟁 이후로도 20여 년이 지난 2008년 촛불집회에 이르러서였다. "대한민국의 모든 권력은 국민으로부터 나온다"는 헌법 조항을 제 목소리로 외쳐본 국민들은, 2016년 10월 박근혜 정권의 권력 남용이 드러나자마자 촛불집회를 만들어냈다. 국민들의 자발성과 활력은 마침내 헌정 사상 최초의 대통령 탄핵을 이끌어냈다. 광장을 채웠던 열기는 정치현안 뿐만 아니라 성폭력 등 감춰졌던 문제를 드러내고 사회를 바꾸려는 움직임으로 터져나왔다. 극심해진 양극화의 피해자인 비정규직 노동자들도 목소리를 내며 모이기 시작했다. 촛불혁명을 성공시킨 국민들은 공정하고 평등하며 안심할 수 있는 사회로 가는 빠른 개혁을 기대했다.

그러나 탄핵 이전 구성된 20대 국회는 내내 개혁의 걸림돌이었다. '고위공직자범죄수사처 설치 및 운영에 관한 법률' 등 몇 건의 개혁법안을 통과시키는 과정도 결코 쉽지 않았다. 문재인 대통령이 발의한 헌법개정안은 국회에서 논의 대상조차 되지 않았다. 노동자의 단결권을 보장하기 위한 국제노동기구(ILO) 핵심 협약 비준동의안도 국회 심의 없이 임기 만료 폐기될 상태다.

국회가 개혁을 이끌지 못한다면 국민들은 어떤 방법을 쓸 수 있을까? 가장 쉬운 첫 대답은 "국회의원들을 바꾸자"는 것이다. 맞다. 개혁을 가로막았던 극우보수정당 인사들이 국회에서 물러나야 하고, 더 개혁적인 인물들이 국회의원이 되어야 한다. 법조인과 고위 공무원을 벗어난 다양한 계층에서 국회의원이 나와야 한다. 묻혀있던 문제를 드러낼 소수자들이 국회에 들어가야 한다.

2020년 4월 총선에서 국민들은 국회의원들을 바꿨다. 여당 의석 수가 크게 늘어 3/5 수준에 이르렀다. 21대 국회는 그 구성원의 다양성, 소수자의 참여에서 이전 국회보다 한 발 나아간 것은 분명하다. 새로 구성된 국회는 개혁을 확고하게 진전시킬 임무를 부여받았다. 이제 개혁이 확실히 이뤄지리라 안심해도 좋을까?

안타깝게도, 안심하기는 이르다. 국회가 민의의 전당이라기보다는 직업정치인들의 공간이 되어 버렸기 때문이다. 국민에게 절실한 일, 옳은 일이어도 거대 정당끼리 서로 하나씩 주고 받아야 진척시킬 수 있는 국회 운영의 현실을 가까이에서 보고 있으면, 타협과 양보를 '정치'라 부르는 기성 정치의 문법에 자연스럽게 익숙해진다. 개혁을 위해 꼭 원안대로 통과되어야 할 법안이어도, 당사자들에게 "다 잃지 않으려면 양보하라"고 말하게 된다. 국회의원 입장에서 보면, 국민은 개혁을 반대하는 국회의원들에게 여론의 압력을 넣을 수 있는 중요한 응원군이기는 하다. 하지만 국회에서 법을 심의할 권한을 가진 사람은 결국 국민이 아니라 국회의원이니, 개정절차를 진전시키려면 상대당에 일부라도 양보하거나 타협해야 한다는 생각을 하게 된다.

개혁적인 국회의원들을 뽑는 것, 더 말할 것 없이 중요하다. 다양한 계층과 소수자, 소수정당이 국회에 더 많이 진출하도록 국회의원 선출제도를 개선하는 것, 물론 필요하다. 하지만 이것으로 개혁을 획기적으로 진전시킬 수 있다고 마음 놓을 수 없다. 국민의 뜻보다 상대당과 타

국민입법제를 도입하자

협이 앞서는 대의제의 현실 속에서, 개별 의원의 개혁적 성향이 흐려지는 안타까운 일이 또 없으리라 장담하기 어렵다. 거대 정당의 리그전으로 운영되는 국회의 높은 장벽이 그대로라면, 기성 정치에 받아들여진 소수자 또는 소수정당의 존재가 대의제의 합리성을 과시하는 장식물로 남을 위험도 여전하다. 개혁을 진전시킬 더 확실한 방법은 없을까?

국민에게 절실한 법안이라면 극우보수정당이 반대하더라도 다음 선거일까지 기다리지 않고 국민투표로 결정해 시행할 수 있는 제도가 있다면, 국회의원들도 "정치는 타협"이라는 기성의 정치문법에 얽매이지 않고 개혁을 더 빨리 진전시킬 수 있다. 소수정당의 혁신적인 제안이 거대 정당에 가려지지 않고 국민 발의에 기반해 공적 토론의 광장에 오를 수 있다면, 진보적 상상력으로 공존의 세상을 앞당길 수 있다.

국회의원을 바꾸고 선출제도를 개선하고 국회의원들에게 더 좋은 입법을 하라고 요구하는 것만으로는 부족하다. 국회의원 뽑아놓았다고 다음 선거일까지 국회의원들에게 맡겨놓기만 해야한다면 반쪽 주권자일 뿐이다. 국민 자신이 좋은 입법을 해낼 권한을 가져야 한다. 국민이 개혁의 추진력을 제 손에 움켜쥐고 국회를 움직이고, 국회가 멈춰설 때 막힌 곳을 뚫어야 한다. 국민이 개혁을 진전시킬 수 있는 주권자로서 결정권을 현실에서 직접 행사할 수 있게 하는 것이 직접민주주의 제도다. 선거일 뿐만 아니라 국민 자신이 원하는 때에 주권자로서 힘을 발휘할 수 있게 하는 것이 국민입법제다. 직접민주주의 확대는 자연스러운 시대의 흐름이다. 국민입법제는 한 단계 도약한 민주주의 시대를 열기 위한 필수 요소다. 한국의 민주주의가 이제 질적으로 발전할 때가 되었다.

헌법 가운데 단 하나만 먼저 바꿔야 한다면, 바로 국민입법제 도입이다. 국민발안권을 인정하는 '국민발안제'와, 국민거부권을 인정하는 '폐기 국민투표제'만 헌법에 명시하면, 그 절차에 따라 어떤 제도라도 국민이 결정해 만들 수 있고, 어떤 정부형태로도 국민의 뜻을 모아 바꿀 수 있다. 그 길을 막고 오직 국회만이 개헌안을 국민투표에 부칠 수 있고 국회만이 법률을 만들 수 있게 해놓은 채로는, "그러니까 국회의원 잘 뽑자", "제일 나쁜 놈 말고 덜 나쁜 놈 뽑자"는 말밖에 할 수 없다.

하나만 선택하면 된다. 온전히 주권자가 되기를 선택하면 된다. 국민입법제가 그 방법이다. 다른 세상을 만들 수 있는 힘은 주권자인 국민 자신에게 있다. 1년 365일, 주권자가 되자. 국민입법제를 도입하자.

국민입법제를 도입하자

차례

1

국민입법제가
있으면
무엇을 할 수 있나?

"이것은 정말 하나의 도전이고, 준비 작업이 필요한 것이기도 하다. 국민투표날 한 시민은 적정한 집세, 적절한 건강보험료, 연 4일의 차 없는 날, 장애인에 대한 동등한 권리 보장, 핵발전 반대 등과 같은 다 양한 문제들을 결정하게 된다."[2]

국민입법제란 일정 수가 넘는 유권자가 국민발안권과 국민거부권을 행사할 수 있게 하는 직접민주주의 제도다. 국민발안제는 국민이 국민 발안권에 근거하여 직접 법률의 제정이나 헌법의 개정 등을 발의하고 국민투표에 부쳐 법을 만드는 제도, 폐기 국민투표제는 국회가 의결한 법률을 국민이 국민거부권에 근거하여 국민투표로 폐기시킬 수 있는 제도다.

국민발안제가 있어서 이렇게 할 수 있었다

알프스 지역 보호 연방헌법 개정

1989년, 스위스에서는 알프스 연대라는 시민단체가 알프스를 통과 하는 교통수단의 공해로부터 알프스를 보호하기 위한 국민발안 서명을

---

2) 브르노 카우프만, 롤프 뷔치, 나드야 브라운 지음, 이정옥 편역, 『직접민주주의로의 초대』, 리북, 2008, 45 쪽.

시작했다.[3] 1990년, 발의요건인 10만명을 넘겼다. 이에 대한 국민표결이 1994년 2월 20일 실시되었다. 연방정부와 의회는 국민들에게 반대 권고를 했다. 그러나 투표자의 52%가 찬성하여, 연방헌법 제84조가 아래와 같이 개정되었다.

스위스 연방헌법 제84조(알프스 통행)

① 연방은 교통 통행의 부정적인 영향으로부터 알프스 지역을 보호한다. 연방은 그러한 교통 통행으로 발생되는 영향을 사람, 동물, 식물 또는 그 환경에 해가 되지 아니하는 수준으로 제한한다.

② 알프스를 관통하는 화물 운송은 철도를 이용해야 한다. 연방 각의는 필요한 조치를 취한다. 불가피한 경우는 예외로 한다. 이러한 예외는 법률에 명시되어야 한다.

③ 알프스 지역의 통행 도로의 수용력은 통과 도로에 의한 도시와 마을의 부담을 완화하는 경우 외에는 이를 확대하여서는 아니 된다.

스위스에서 국민투표를 통해 연방헌법 개정으로 이어진 국민발안은 국제조약에 대한 국민투표 도입(1921년 1월 30일 의결), 고지대 황무지

---

3)   알프스 보호 국민발안 사례는 이기우, 『모든 권력은 국민에게 속한다 이제는 직접민주주의다』, 미래를 소유한 사람들, 2016, 181쪽의 관련 부분을 참고하였다.

국민입법제를 도입하자

보호(1987년 12월 6일 의결, 슈비츠 주 로텐덤에 가까운 고지대 황무지에 군사 훈련시설을 짓지 말라는 내용), 유전기술의 남용으로부터 인간과 환경 보호(2005년 11월 27일 의결) 조항 등으로 이어진다.[4]

경영진 고액연봉 제한 연방헌법 개정

최근 의결된 국민발안 가운데는 2013년 3월 3일 기업 경영진 고액연봉제한을 위한 헌법 제95조 제3항 개정[5]이 있다. 화장품 관련 중소기업 경영자 토마스 민더Thomas Minder는 기업들에게 화장품을 공급하였으나 회사 적자를 이유로 대금을 받지 못했다. 그런데 적자라던 회사는 최고경영자에게 지나치게 많은 보수를 지급하고 있었다. 민더는 2008년 2월, 10만명의 서명을 모아 국민발안을 제기했다. 의회는 이 안의 일부를 법률에 수용했다.

하지만 민더는 국민발안을 포기하지 않았다. 투표를 앞둔 2013년 2월, 거대 제약회사 노바티스의 전 회장 다니엘 바젤라가 재임 당시 고액연봉을 받고서도 퇴임 후 경쟁사에 가지 않는 조건으로 또 거액을 받기

---

4) 일반적인 헌법조항은 절차규정을 제외하면 추상적이고 선언적인 수준에서 만들어진다. 그러나 국민발안으로 만들어진 스위스 연방헌법조항은 대체로 상당히 구체적인 내용을 담고 있다. 우리나라로 치면 헌법보다는 법률에 들어갈 내용에 가까운 경우도 있다. 이는 스위스가 연방차원의 국민발안으로는 헌법개정안 발의만을 인정하고 있는 것과 관련된다. 연방법률개정안에 대한 국민발안 대신 헌법개정안 발안이 사용되는 셈이다.
5) 경영진 고액연봉제한 국민발안 사례는 아래 글을 참고하였다. 이기우, 위의 책, 182~183쪽; 안성경, 「기업 경영진 고액연봉제한을 위한 법령: 스위스의 헌법 개정 사례를 중심으로」, 『법제』, 2014. 4., 48~67쪽.

로 한 것이 큰 사회문제가 되었다. 2013년 3월 국민투표 결과, 투표자의 67.9%와 모든 칸톤이 찬성하여 제95조 제3항이 연방헌법에 삽입되었다.

스위스 연방헌법 제95조(영리적 사경제활동)

③ 경제와 사유재산 및 주주를 보호하고 지속적인 기업경영을 보장하기 위해, 스위스나 해외 주식시장에 상장된 스위스 주식회사가 다음의 원칙들을 준수하도록 법률로 강제한다.

1. 주주총회는 매년 이사회, 경영진, 자문위원회의 보수 총액(현물급여의 액수 및 가치)을 표결한다. 주주총회는 매년 이사회 의장과 이사회 구성원, 보수 위원회 구성원 및 개별 대표자를 한 사람씩 임명한다. 연금기금은 연금가입자의 이익을 위해 표결하며, 표결한 내용을 통지한다. 주주들은 원거리에서 전자표결을 할 수 있다. 주식회사 기관의 구성원이나 수탁대리인은 주주들을 대신할 수 없다.

2. 주식회사 기관의 구성원들은 퇴직수당이나 그 밖의 수당을 받지 않으며, 기업의 매매에 대한 어떤 기대보수나 수당도 받지 않는다. 또한 그룹회사 내 다른 회사와의 계약이나 고문계약을 맺을 수 없다. 회사 경영은 다른 법인에 위임할 수 없다.

3. 회사 정관은 기관의 구성원에게 제공되는 급여 및 대부금, 정기수

국민입법제를 도입하자

입의 총액과 상여금 및 출자 계획, 기관의 사외 임원 수 그리고 이사회 구성원의 근로계약기간을 규정한다.

4. 제1호부터 제3호에서 정하는 조항을 위반하는 모든 경우, 최대 자유형 3년 및 6개월 간의 보수에 달하는 벌금형에 처한다.

우리나라 상법에 비교할 때, 위 조항은 우선 회사 임원이 주주의 의결권 행사를 대리할 수 없게 해 주주총회 의결이 회사측이 원하는 대로 유도되지 않을 장치를 마련한 것이 돋보인다. 연금기금이 연금가입자 이익을 위해 표결해야 한다고 명시한 것, 회사 임원이 기업 매각에 관한 보수를 받을 수 없게 한 것, 이를 위반하면 형사처벌하게 하는 것도 특기할 만하다.

의원 연임 제한 주법 개정[6]

1990년, 주의회 의원 연임을 2회로 제한하는 캘리포니아 주법 국민발안이 표결에 회부되었다. 의원에 대한 별도 연금 지급 금지, 의회 비용 인상 제한도 포함되었다. 발안자는 24년간 의원을 지낸 피터 샤버럼 Peter Schabarum이었다. 의원직에 오래 있으면서 직업정치인이 되

---

6) 의원 연임 제한 국민발안 사례는 이기우, 위의 책, 255~256쪽을 참고하였다.

면 일반 유권자의 생활세계와 멀어져 초심을 잃고 정경유착이나 부패에 빠져들 위험이 커진다는 것이 근거였다.

이 발안은 국민투표에서 52%의 지지를 받아 주법으로 확정되었다. 이 흐름은 다른 주로도 번져 2011년에는 17개 주에서 주의원 임기가 제한되었고, 10대 도시 중 8개에서 시의원 임기가 제한되었다. 50개 주 중 37개 주에서 주지사나 다른 선출직에 대한 임기제한이 도입되었다.

대통령과 지자체장에 대해서는 연임제한이 있지만 의원에 대해서는 어떤 연임제한도 없고, 국민의 비판이 그토록 많았는데도 국회의원 연금을 폐기하지 못하고 있는 우리 나라 상황과 비교된다.

폐기 국민투표제가 있어서 이렇게 할 수 있었다[7]

세금 인하 법률 폐기

스위스에서는 2000년대 초반, 가족과세와 주택보유세, 인지세를 낮추는 연방법률이 연방의회에서 의결되었다. 이에 따라 칸톤(주 단위)에 수백만 프랑의 세수 감소가 예상되었다. 그러자 칸톤이 발의한 최초의 국민투표로서 칸톤의 재무국장이 이끄는 폐기 국민투표운동이 시작되

---

7)　폐기 국민투표 사례는 이기우, 위의 책, 156~157쪽, 174쪽을 참고하였다.

었는데, 2004년 5월 16일 실시된 국민투표에서 투표자의 65.9%가 연방법률안에 반대했다. 세금을 인하하는 연방법률안은 폐기되었다.

게리맨더링 법률 폐기

캘리포니아에서는 민주당과 공화당이 지배하는 양당제 하의 선거구획정이 주의회에서 이루어졌는데, 다음 선거에서 특정 정당에 유리하도록 선거구를 재설정하는 게리맨더링Gerrymandering이 잦았다. 1982년 공화당의 캘리포니아 선거구 획정안은 폐기 국민투표에 의해 부결 폐기되었다.

용어정리

직접민주주의

국민이 정치적 사안에 대해 스스로 직접 결정하는 정치제도가 '직접민주주의제도'다. '아래로부터 국민투표(referendum)'가 중심이 된다.

어떤 제도를 직접민주주의제도라고 하려면 첫째, 국민이 결정권을 가진 의원을 선출하거나 소환하는 등 사람을 선택하는 것을 넘어, 특정 현안에 대해 직접 결정내리는 제도여야 한다. 선출된 의원에게 정치적 사안에 대한 결정권을 맡기는 대의제가 직접민주주의제도가 아닌 것은 분명하다. 그러면 직선제는 직접민주주의제도일까? 간선제가 아닌 직선제도 대의기구 구성원을 정하는 선거방식에 그치는 것이어서, 직접민주주의제도로 보기는 어렵다. 국민소환도 좁은 의미에서는 직접민주주의에 속하지 않는다고 보기도 한다. 소환제는 정치적 결정권을 행사한 대표자를 그 직위에서 내려오게 하는 방법이지, 정치적 결정 자체를 국민이 내리는 것은 아니기 때문이다.

두 번째 기준은, 국민에게 결정권을 준다는 것이다. 국민이 실질적인 결정권을 행사할 수 없는 '위로부터 국민투표', 자문형 국민투표, 청원, 여론조사는 직접민주주의제도에 포함되지 않는다.

국민입법제를 도입하자

위로부터 국민투표(plebiscite) : 대통령 등 권력자가 선포해 실시하는 국민투표. '신임 여부 국민투표'로도 불린다. 민주주의 활성화를 위한 것이 아니라 통치자들의 필요에 의한 투표로, 지도자가 국민들로부터 큰 지지를 얻었음을 보여주기 위한 것이거나, 의회를 상대로 입지를 강화하기 위한 것.

자문형 국민투표 : 한 기관에서 어떤 특정한 주제에 대해 법적 구속력이 없는 상태에서 국민들에게 자문을 구하는 것.

청원 : 국가기관에 요청하는 것. 결정권은 국가기관에 있고, 청원인은 응답받을 권리만 갖는다.

국민투표(referendum)의 여러 형태[8]

실시 여부가 의무적인지 선택적인지에 따라

① 의무적 국민투표(obligatory/mandatory referendum)

: 헌법 조항에 따라 자동적으로 실시되는 국민투표. 헌법에서 개정 절차로 국민투표를 요구하는 경우 등.

② 선택적 국민투표(facultative/optional referendum)

: 대통령 등 국가기관 또는 일정 수 이상 시민의 요구에 따라 실시되는 국민투표.

국민투표 대상에 따라,

① 국민발안(popular initiative) - '국민발안권' 행사

: 일정 수 이상 국민들의 개헌안, 법률 제개정안 발의로 실시되는 국민투표.

② 폐기 국민투표(abrogative referendum) - '국민거부권' 행사

: 국회에서 의결한 법을 폐기하기 위해 실시하는 국민투표. 법의 효력을 확정짓는다는 의미에서 확정적 레퍼렌덤으로 불리기도 한다.

③ 건설적 국민투표(constructive referendum)

---

8) 국민투표 분류는 부르노 카우프만, 롤프 뷔치, 나드야 브라운 지음, 이정옥 옮김, 『직접민주주의로의 초대』, 리북, 304~313쪽, 「직접민주주의용어해설」을 참고하여 다시 정리하였다.

국민입법제를 도입하자

: 선택적 국민투표에 올라온 법령에 관해 국민 일부가 다른 제안을 내놓을 경우, 이 역제안도 함께 투표에 회부되는 국민투표. 스위스 베른 주, 니드발덴 주에서 실시된다.

④ 행정 국민투표(administrative referendum)

: 행정에 관한 정부나 국회의 결정에 대한 국민투표. 일정액 이상의 재정지출에 관해 실시하는 재정국민투표가 대표적.

국민발안의 종류[9)]

① 직접발안(direct initiative)

국민이 제안하고 국회 심의·의결 없이 곧바로 국민투표를 통해 최종적으로 결정하는 것.

② 간접발안(indirect initiative)

국민이 제안하되, 발안 내용 채택 여부는 국회가 결정하는 방식. 현재 지방자치단체에 도입된 주민조례제정청구권.

③ 중간적 형태

국회의 심의·의결을 원칙으로 하되 일정 기간 내에 의결되지 않으면 국민투표에 회부하는 것.

---

9) 최정인, 「국민발안제의 도입 관련 쟁점」, 『이슈와 논점』, 국회입법조사처, 2017. 12.

2

왜
국민입법제가
필요한가

"영국인들은 자신들이 자유롭다고 믿고 있다. 그들은 심각하게 오해하고 있다. 그들은 의원을 선출하는 동안에만 자유롭다. 의원이 선출되자마자 인민은 노예가 된다. 그들은 아무 것도 아니다."[10]

주권자의 뜻을 실현하기 위해

국민을 '주권자'로 부를 때는 주로 선거 때다. 국회의원을 뽑고 대통령을 선출하는 것이 주권자가 하는 가장 중요한 일인 것처럼 여겨진다. 하지만 이것이 전부여서는 국민이 주권자라고 할 수 없다. 선출된 공직자가 권력을 남용하고 국민의 뜻을 거스르면 국민이 저항권을 발동할 수 있어야 주권자다. 만일 공직자가 맡은 일을 제대로 하지 않는다면 국민이 그를 소환할 수 있어야 주권자다.

무엇보다, 국민이 진짜 주권자이려면, 스스로의 뜻에 따라 규칙을 만들 수 있어야 한다. 헌법은 대의기관인 국회가 입법권과 헌법 개정안 발의권을 갖는다고 쓴다. 하지만 일을 맡길 타인을 지정할 수는 있는데 직접 할 수는 없다면 주권자인가? 국회에 위임한 권한의 근원인 주권이 국민에게 있는 이상, 국민이 헌법과 법률의 개정을 발의하고 결정할 권

10) 장자크 루소 지음, 정영하 옮김, 『사회계약론』, 산수야, 2005, 201쪽.

한도 가져야 주권자다. 국민발안권과 국민거부권은 국민이 '현안에 대한 결정권'을 가질 수 있게 하고 선거일 외에도 주권자로서 힘을 발휘할 수 있게 한다.

규칙을 만드는 권한, 곧 입법은 본질적으로 주권자의 것이다. 이것이 헌법의 근본 원리인 국민주권원리에 맞다.

대의제가 민주주의제도로 작동하도록

수시로 생겨나는 다양한 현안에 대해 결정을 내려야 하는 현대 국가에서 대의기관은 반드시 필요하다. 대의기관이 자신을 선출 구성해준 국민의 뜻을 잘 반영해 바람직한 의사결정을 내려야 하는 것은 물론이다. 그러나 모든 대의제가 곧 현실에서 만족스러운 민주주의제도로 운영되고 있는 것은 아니다.

한국 정치 경험을 돌아보자. 1948년 이승만 정부부터 1996년 김영삼 정부까지, 또 2008년에서 2016년 이명박 박근혜 정부로 이어진 극우 보수정권 아래에서 여당 국회의원들은 한 번 선출되면 다음 선거가 오기까지는 무엇이든 할 수 있는 백지 위임장이라도 받은 것처럼 악법을 통과시켰다. 국민들로서는 그 법률의 집행을 막을 방법이 없었다. 그에 앞장선 국회의원을 다음 선거에서 낙선시키고 다른 정당에 표를 주겠다고 마음먹는 것이 유일한 대처방법으로 남을 뿐이었다. 이 지경이라면 대의제는 '인민의 지배'라는 민주주의 제도가 아니라 과두제라고 할 정도가 된다.

대의제가 과두제로 떨어지는 것을 막고 민주주의 제도로 운영되게 하는데 꼭 필요한 것이 직접민주주의제도다. '국민발안제'가 있다면, 꼭 필요하지만 국회가 나서지 않는 법안은 유권자들의 서명으로 발의해 국민투표로 통과시킬 수 있다. '폐기 국민투표제'가 있다면, 기본권을 침해하는 법률을 시행 전에 폐기시킬 수 있다. 국민이 직접민주주의제도를 활용할 수 있으면, 대의제는 과두제로 전락하지 않고 국민의 뜻에 따라 운영되는 민주주의제도로 자리잡을 수 있다. 직접민주주의는 대의민주주의를 성공시키는 핵심적이고 결정적인 보완책이다.

약자와 소수자의 권리 보장을 위해

권력자나 재벌들은 노동자나 서민들에 비해 관료와 국회의원을 비롯한 사회 고위층에 접근하기 쉽다. 친척, 동창, 선후배들이 정계와 관계에 깔려 있다. 입법에 영향을 미칠 수 있는 사람과 전화하고 식사 같이 하는 것이 어렵지 않다. 권력과 재력이 있으면 인맥과 혈맥에 학맥까지 따라온다. 재벌의 이익을 지키는 법이 조용히 통과되는 배경이다.

하지만 소수자를 위한 법이 통과되기란 쉽지 않다. 노동자가 죽지 않고 일할 수 있으려면 사고 위험이 있는 업무에는 비정규직을 쓰지 못하게 산업안전보건법을 강화해야한다. 그러나 도급금지 업무 범위 확대는 번번이 재벌 대기업의 반대에 부딪힌다. 권력과 재벌의 개입에서 벗어나 서민을 위한 정책을 실현하겠다고 선언한 진보정당들도 2000년 민주노동당 창당 이래 20년 동안 소수 의석에 머물렀다. 국회 운영에 관여하는 교섭단체가 되려면 20석 이상의 국회의석이 있어야 하니, 소수정당은 국회 운영에 영향력을 행사하기 어렵고, 의안을 발의해도 그 원안대로 국회 본회의까지 올라가게 하기도 어렵다.

국민발안제를 도입하면 로비 능력이나 재력이 없는 국민들도 일정 수 이상만 모이면 자신들의 안을 국회 본회의에 올릴 수 있고, 국회가 부결하거나 원 취지와 달리 대안을 의결한 때는 국민발의한 원안을 국민투표에 회부할 수 있다. 소수정당도 국민들과 힘을 합해 기본권 보장과 사회적 형평을 위한 법을 국민투표에 올릴 수 있다. 국민발안제는 약자와 소수자가 자신의 의견에 대해 공공 토론을 열고 다른 사람들을 설득해볼 여지를 열어준다.

국회헌법개정특별위원회 자문위원회도 아래와 같이 국민발안제가 필요하다고 말한다.

"국회가 법안의 통과에 소극적인 선거법과 재벌, 검찰 등의 입법 관련 로비에 취약한 검찰개혁, 재벌개혁 법안의 효과적인 입법을 위하여 대의제의 한계를 보완하기 위한 직접민주주의 제도의 도입에 대한 국민적 요구가 비등하고 있음을 고려할 때 헌법에 국민발안제도의 헌법적 근거를 창설하는 것이 바람직함."[11]

저항권으로도, 소환제로도 부족하다

저항권은 헌법이 파괴되고 인권이 유린될 때 사용되는 수단이다. 단순하게 표현하면 비상사태에 정권을 교체할 때 가장 유용한 권리다. 국민이 저항권을 발동해서 국민의 뜻에 따른 정권을 만들고 나면, 다음 단계 국민의 바람은 개혁을 성공시키는 것으로 옮겨간다. 이 때 필요한 것이 바로 국민발안제다. 정권을 바꾸는 것에 그치지 않고, 새로 만들어낸 정부에서 국민들이 혁신적인 제안을 가지고 건설적으로 참여하는 방법이다. 주권자인 국민은 긴급 상황에 사용되는 저항권뿐만 아니라 보통 때 쓸 수 있는 국민발안권도 가져야 한다. 권력을 무너뜨릴 때 필수적인 저항권뿐만 아니라 권력을 바꾼 뒤 개혁을 진전시킬 때 유용한

11) 국회헌법개정특별위원회 자문위원회 보고서, 2018. 1., 333쪽.

국민발안권도 가져야 한다.

우리나라에서도 지방자치단체장과 지방의원에 대해서는 주민소환제가 도입되어 있다. 그러나 소환제는 정책보다는 인물 문제에 집중한다. 법을 잘못 개정하거나 그릇된 정책을 편 개인에 대한 책임을 묻는 것은, 이미 법이 개정된 뒤나 일이 벌어진 후에 뒤따르는 사후 조치일 수밖에 없다. 문제를 일으킨 개인을 소환한다고 해도, 이것이 법을 되돌리거나 정책을 원점으로 돌리는 것으로 바로 이어지지는 않는다. 국민의 의사에 어긋나는 행동을 한 개별 인물의 책임을 묻는 단계까지 가기 전에 잘못된 법개정 자체를 되돌리려면, 소환제만으로는 부족하다. 국민거부권이 필요하다. 이를 보장하는 '폐기 국민투표제'가 필요하다.

3

반대에
반론하다

"시민은 우매하지 않아요. 정보에 기초해서 현명하게 판단합니다. 정치가 개별 공적 사안에 대해 시민이 직접 판단하고 투표하는 직접민주주의를 두려워해서는 안됩니다. 직접민주주의는 어차피 도입될 것입니다. 한 단계씩 나아가는 역사의 흐름처럼 보통선거권과 여성 선거권이 실현되었듯이 말이지요." [12]

민주주의는 대의제다?
직접민주주의는 대의제가 민주주의제도로 작동하게 한다

'Democracy'는 '인민demos'의 '지배kratos'다. 그러나 인민이 직접 지배하는 것은 민주주의 모델로 적합하지 않다고 보는 주장도 많다. 다수의 직접 지배는 서로 다른 의견을 타협으로 이끌지 못하고 독재로 흐를 위험이 크다는 것이다. 이 견해는, 선출된 대표자들이 법의 지배의 틀 내에서 견제하고 균형을 이루어 타협하며 서로 다른 의견들을 조율해가는 대의제야말로 민주주의라는 논리로 이어진다. 정부의 전문가들, 이상적인 후견인들은 공동체를 위해 바람직한 것이 무엇인지에 대해 탁월한 지식을 갖추고 그것을 실현시키기 위한 최고의 수단이 무엇

---

12) 장준호, 「독일의 직접민주주의: 자치분권국가에서 시민입법과 주민투표의 현황을 중심으로」, 『선거연구』 제7호, 선거관리위원회, 2017, 13쪽, 독일 헌법학자 융(Otmar Jung)과 페스탈로차(Christian Pestalozza)의 2013년 포커스(Focus)지와 인터뷰.

인지 잘 알고 있으므로, 선출된 사람들로 하여금 견제와 균형을 통해 대화와 타협으로 서로 다른 의견을 조정해가는 대의제야말로 민주주의에 가장 적합하다는 것이다.

하지만 대의제가 민주주의의 전부일 수 없다. 대의제는 인민의 지배를 실현시키자는 민주주의의 방법 가운데 하나일 뿐이다. 세계인권선언 제21조 제1항 제1호[13] "모든 사람은 직접 또는 자유롭게 선출된 대표자를 통해, 자국의 정치에 참여할 권리가 있다." 조항은 국민들의 '직접적 정치참여의 권리'를 대의제에 앞서 규정한다. 시민적 및 정치적 권리에 관한 국제규약 제25조[14] "모든 시민은 제2조에 규정하는 어떠한 차별이나 또는 불합리한 제한도 받지 아니하고 다음의 권리 및 기회를 가진다. (a) 직접 또는 자유로이 선출한 대표자를 통하여 정치에 참여하는 것."도 마찬가지다.

대의제가 언제나 가장 좋은 방법인 것도 아니다. 대의제가 항상 민주주의의 실현을 보장하는 것도 아니다. 2016년 당선된 20대 국회의원들의 83%는 50대 이상이었고, 서울대학교 출신이 67명으로 22.3%, 공무원 출신이 61명으로 20.3%, 법조인 출신이 46명으로 15.3%였다. 2020

---

13) 세계인권선언(Universal Declaration of Human Rights), 1948. 12. 10. 유엔총회 제정. 번역문은 국가인권위원회 인권교육센터가 게재한 것.
   http://edu.humanrights.go.kr/academy/eduinfo/worldHnrtList.do
14) 시민적 및 정치적 권리에 관한 국제규약(B규약, International Covenant on Civil and Political Rights)는 대한민국에 대하여 1990. 7. 10. 효력을 발생하였다.

년 당선된 21대 국회의원의 83%도 50대 이상이고, 직업군 분포도 20대 국회와 크게 다르지 않다. 안정된 직업과 높은 학력의 중장년, 이것이 대한민국 국회의원의 전형적인 모습이다. 이들과 정반대의 위치에 있는 사람들, 비정규직, 저임금, 고졸 생산직, 청년, 이주노동자에게만 유독 집중되는 위험이 있다. 바로 산업재해 사망사고다. OECD 차원 통계에서 한국이 거의 매년 1위를 차지하는 통계 가운데 하나가 바로 산업재해 사망률이다. 2019년에도 855명, 하루 2.3명이 산재로 사망했다. 2015년 통계로는 영국보다 20배나 많다.

국회의원들로부터는 아주 멀지만 비정규직 저학력 노동자들에게는 너무나 가까운 것, 산업재해 위험을 막기 위해 국회는 얼마나 충실한 대책을 내놓았을까? 2018년 12월 태안화력발전소 하청 비정규직 24세 김용균씨가 야간에 혼자 작업하다가 석탄 이송 컨베이어 벨트에 끼어 사망했다. 김용균씨의 가족이 산업안전보건법 개정을 국회에 호소하며 직접고용이 가장 확실한 해결책임을 설명했다. 2019년 1월 어렵게 산업안전보건법 개정안이 통과되었다. 하지만 국회는 "위험업무 하도급 전면 금지는 과잉규제"라는 정부 입장을 그대로 받아들였다. 김용균씨가 하던 업무는 도급금지업무로 지정되지 않아 여전히 하청 비정규직 업무로 남았다. 국회가 내놓은 '김용균법'에는 '김용균'이 없었다. 비정규직, 저학력, 청년, 이주노동자들에게 죽지 않고 일할 권리조차 제대로 보장해주지 않는 대의제는 과연 충실한 민주주의제도로 운영되고 있는 것일까?

대의제에서는 국회의원들과 정부만이 입법안을 발의할 수 있고 국회의원들만이 의결할 수 있다. 국민들은 아무리 자기 손으로 뽑은 국회의원이라도 어떤 입법에 나서도록 법률적으로 강제할 권한을 갖고 있지 않고, 국회의원이 추진하는 입법을 막을 수도 없다. 정당들은 선거일 당시 국민의 선택에 따라 구성된 의석수를 가지고 다음 선거일까지 국회를 지배한다. 국민들은 정당의 입장과 국회의원들의 행동에 대해 찬반 여론을 만들고 다음 선거에 반영할 뿐이다.

그러나 국민발안권과 국민거부권이 확보된 직접민주주의제도에서는 입장이 바뀐다. 국민에 의해 선출된 국회의원이라 하더라도 지난 선거에서 얻은 지지율을 내세우는 것만으로 지금의 정치현안에 대한 자신의 선택을 정당화할 수 없다. 정치현안에 대해 일일이 선택의 이유를 밝혀야 한다. 그 근거가 합리적이지 않거나 선택이 공정하지 않다면, 이를 수정하기 위하여 국민들이 직접 법안을 발의할 것이고, 국회의원은 국민투표 결과에 따라 직무를 수행해야 한다. 이럴 때 비로소 국회의원은 자신의 권한이 주권자인 국민으로부터 부여된 것임을 현실로 보게 된다. 현대의 직접민주주의는 대의제가 진정으로 민주주의제도로 작동하게 하는 방법이다.

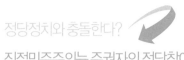

정당정치와 충돌한다?
직접민주주의는 주권자의 정당참여를 활발하게 한다

대의민주주의는 정당제도를 중요한 수단으로 한다. 정당정치를 중요하게 보는 견해에서는, 정당들이 서로 다른 정치적 주장들을 내놓고 정당들 간에 타협하고 절충하는 것을 민주주의의 전형적인 모습으로 본다. 이들이 직접민주주의를 비판하는 이유는, 직접민주주의가 정당을 약화시키고 정당간 타협의 여지를 줄인다는 것이다.

그러나 직접민주주의 제도는 정당이 강화될 중요한 계기를 제공할 수 있다. 정당은 주권자인 국민이 정치적 의견이 같은 사람들과 함께 모여 활동하며 정치에 참여하는 것을 보장하는 조직이어야 한다. 정당정치의 가장 중요한 측면도 정당이 주권자의 정치적 의사 형성과 조직적 정치 참여를 가능하게 한다는 것이다. 이것이 상대 정당과 협상하고 타협하는 것보다 우선되는 정당정치의 기능이다. 정당은 주권자의 정치 참여를 위한 조직이지, 주권자 대신 결정을 내려주는 기구가 아니다.

직접민주주의 제도에서 정당이 시민사회 및 관련 단체들과 협력하면서 국민발안권과 국민거부권을 활용하면, 주권자의 정당 참여도 활발해진다. 특히 대의기관 안에서 높은 장벽에 부딪히는 소수정당에게 직접민주주의는 효과적인 대안이 될 수 있다. 그렇다면 정당정치는 직접민주주의와 대립하지 않는다. 오히려 직접민주주의를 통해 더욱 활성화된다.

타협과 절충이 이루어졌다고 해서 그 내용과 무관하게 무조건 민주주의라 할 수는 없다. 민주주의는 통치자와 통치를 받는 자가 같다면 인간의 존엄과 자유를 보장하며 평등과 연대의 원칙에 따라 발전하는 사회를 만들어 갈 것이라는 믿음에서 출발한다. 인권을 침해하고 사회적 연대를 무너뜨리는 타협과 절충은 민주주의일 수 없다. 정당 간의 반민주적 타협과 절충으로 통과시킨 악법을 통치받는 자가 폐기시킬 수 있는 것이 바로 직접민주주의 제도다.

직접민주주의 절차에서 타협과 절충이 발붙일 수 없는 것도 아니다. 국민발안을 제기한 발안자들은 국회의 단일 대안을 내기 위한 정당 간 타협과 절충을 받아들일 수 있고, 실제로 이런 경우도 많다. 그러나 정당 간 타협의 결과 국회가 원안에 크게 부족한 대안을 의결할 때, 발안자들은 그에 얽매일 이유가 없다. 원안을 국민투표에 부칠 수 있기 때문이다. 국민 모두와 더 토론할 기회를 갖고, 공감 정도에 따라 나오는 결론을 받아들이면 된다. 국민을 대신하겠다는 정당 간 타협과 절충이 국민을 실망시킬 때, 국민은 직접민주주의 제도를 활용해 민주주의를 진전시킬 수 있다. 타협과 절충이 아니라, '인민의 자기 지배'가 민주주의의 핵심이다.

　　　　　　　　　　　　　　　　　　　　국민입법제를 도입하자

광장은 위험하다?
권한을 주지 않았을 뿐이다

'인민의 지배'가 독재로 흐를 위험이 크다는 주장은 오래 전부터 제기되어 왔다. 대중은 거대 언론과 가짜 뉴스에 현혹되어 비판 없이 동원대상으로 전락하고, 장기적인 공공 이익보다 눈 앞의 사적 이익에 치중하고, 감성에 호소하는 선동에 휘둘려 집단 독재로 나아갈 수 있다는 것이다. 대중은 무능하고 광장은 위험하다는 주장이다.

대중은 무능하지 않다. 정치적 결정에 대한 대중의 접근을 차단한 정치인들이 우월한 권력을 과시하며 만든 고정관념일 뿐이다. 광장은 막아야 할 위험한 곳이 아니다. 대의제로 반영되지 않는 목소리를 내는 공간일 뿐이다.

대의제가 모든 국민을 대신하여 생각하고 결정할 권리를 독점하는 계몽된 소수 엘리트의 존재를 전제로 했다면, 직접민주주의는 정치 현실에 관심을 유지하고 방심하지 않으며 정보를 갖춘 시민들을 전제로 한다. 국민들이 의사결정 과정에서 발언권을 가질 뿐만 아니라 최후의 결정권을 행사하도록 보장하면, 이는 다시 국민의 정보수집 및 판단능력 향상으로 이어진다. 권한이 주어지면 능력이 커진다. 권한을 주지 않았던 것이 문제다.

현대사회에서 정보 접근권이 확대되면서 주권자는 스스로 판단할 수 있는 능력을 갖추고 자신의 운명을 좌우하는 정치적 결정을 스스로 내리는 존재로 발전하였다. 국민들이 다양한 목소리를 들을 수 있는 통로를 만들고, 왜곡되지 않은 정보를 수집할 수 있는 방법을 제공하여, 정당한 판단을 내릴 수 있도록 조건을 만드는 것이 정당과 대의기구가 할 중요한 일이다.

작은 규모의 전통사회에서나 가능하다?
선거를 치를 수 있는 나라라면 아무 장애 없다

직접민주주의라고 하면 흔히 고대 그리스 도시국가인 아테네의 민회나 스위스의 게마인데(우리나라의 읍면동 단위와 유사) 총회처럼 인구 몇 만명 이하의 작은 도시에서 시민들이 도시 중심부 광장에 모여 현안을 결정하는 모습을 떠올린다. 이 때문에 직접민주주의 시행은 국토가 넓고 인구가 많은 현대 국가에서는 아예 불가능하다고들 했다.

하지만 지금도 게마인데 단위에서 직접 참석해서 결정하는 '총회' 방식의 직접민주주의가 존속하는 스위스에서도, 게마인데 총회 참석률은

---

15) 카우프만, 위의 책, 71쪽 중 프리드리히 랑게(Friedrich Albert Lange, 1828~1875. 독일의 철학자)의 평가.

국민입법제를 도입하자

높지 않으므로, 중요한 안건 결정은 따로 투표를 실시하는 '표결' 방식에 따른다. 또 게마인데보다 큰 규모인 칸톤(주 단위)에서는 대부분 칸톤 총회 없이 표결 방식만을 택한다. 이는 스위스에서 직접민주주의제도를 처음으로 받아들인 1869년 취리히 주 헌법에서부터 채택된 것이다. 국민발안과 국민투표제도를 수용한 취리히 주 헌법은, 이미 당시에도 "순수한 인민의 지배라는 이상을 근대 문화조건에 부합하는 형태로 실현하는 최초의 일관성 있는 시도", "규모가 작은 상황에서만 적합한 데다 위험은 있지만 수속이 복잡한 게마인데 민회를 지역 자치단위의 투표라는 제도로 대체한 것"이라는 평가를 받았다.[15] 이처럼 스위스에서도 직접민주주의는 집회 방식이 아니라 표결 방식으로 진화한 지 오래다. 현대 직접민주주의의 기본 방식은 집회가 아니라 표결이다.

국민들의 참여 열기가 높아지면 광장에 모이는 것은 자연스러운 일이다. 그러나 광장 집회 참여나 마을 총회 참석이 현대 직접민주주의 방식의 전부가 될 수 없다. 현대 직접민주주의에서 국민들이 해야 할 더 중요한 일은 국민발안에 서명하고 해당 의안에 대해 알아보고 토론하는 것, 꼭 해야 할 일은 국민투표에 참여하는 것이다.

정기적으로 대통령 선거나 국회의원 선거를 실시하는 나라라면, 유권자 명부를 작성하고 투표와 개표 업무를 진행하는 등의 선거관리체계가 국가 차원에서 확립된 현대 국가라면, 정치적 사안에 대한 국민투표를 시행하는 것에 아무런 장애가 없다.

성공하기 어렵고 실패하면 쓸모없다?
토론의 시작은 더 나은 결과를 만들어낸다

성공하지 못한 국민발안이라도, 패배라고 단정할 수 없다. 토론의 대상이 되는 것만으로도 사회의 변화를 만들어내는 시작이 된다. 관심의 대상이 되지 않던 소수자들의 권리나 새로운 의제를 전국민이 고민하고 토론하는 것 자체가 인식 변화에 큰 영향을 미친다. 국민들은 발의의 발단이 된 문제를 알게 되고, 수많은 토론이 벌어지고, 해결방안을 의논하게 된다. 정부나 의회는 국민발안에 담긴 내용이나 그에 모인 국민들의 뜻을 반영하는 입법안 등 역제안을 내놓게 된다. 실패가 아니라 진전이다. 토론의 시작은 더 나은 결과를 만들어낸다. 토론은 쓸모가 있다.

4

다른 나라의
직접민주주의 사례

스위스

 '아래로부터 국민투표'를 핵심으로 하는 현대 직접민주주의는 스위스에서 가장 먼저 도입·실행되었다. 칸톤(주 단위)의 직접민주주의는 1869년 취리히 주에서 도입되었고, 연방 차원에서 폐기 국민투표는 1874년, 국민발안은 1891년에 도입되었다. 연방 차원의 국민투표는 1871년에서 2013년까지 모두 561번 이뤄졌는데, 국민발안이 184건, 폐기 국민투표가 172건, 의무적 국민투표(헌법개정절차 등에서 의무화된 것)가 205건이었다. 국민발안과 폐기 국민투표는 1970년대 이후 크게 늘어났다.

 스위스에서 전통적으로 행해지던 주민총회 방식은 게마인데(읍면동 단위)와 2개의 칸톤에만 존속하고, 연방 차원에서는 총회 방식이 존재하지 않는다. 연방과 대부분의 칸톤에서는 주민이 투표소에서 표결을 통해 안건을 결정하는 표결 방식만을 채택한다. 총회 방식이 유지되는 게마인데에서도 게마인데 헌장 개정 등 중요 사항에 대해서는 반드시 표결 방식을 통해 결정하도록 하고 있다.

 연방 차원에서는 국민발안으로 헌법을 개정할 수 있고, 법률 개정을 위한 국민발안은 두지 않았다. 칸톤에서는 주 헌법과 법률을 개정할 수 있고, 재정주민투표가 널리 인정된다. 게마인데에서는 게마인데 헌장을 주민발안으로 바꿀 수 있고, 재정주민투표도 대부분 인정된다.

스위스에서 연방 차원의 국민발안을 제기하려면 18개월 안에 10만 명 유권자의 서명을 모아야 한다. 연방정부는 국민발안에 대해 유효한 것인지, 의결할 만한 것인지, 대안권고가 필요한지 보고서를 작성해 연방의회에 낸다. 연방의회는 국민발안 접수 30개월 안에 의결해야 하는데, 대안을 의결할 수도 있다. 연방의회가 원안을 통과시키지 않거나 원안 대신 대안을 의결하면, 국민발안은 발안위원회가 철회하지 않는 한 국민투표로 이어진다. 연방의회가 대안을 제안한 때는 원안과 함께 대안도 국민투표로 넘어간다. 국민투표는 의결 후 10개월 안에 실시된다. 국민투표에서 투표자 다수와 칸톤 다수의 찬성을 받은 안은 즉시 개정 헌법으로 효력을 발생한다.

폐기 국민투표는 연방의회에서 의결된 연방법이나 국제조약에 대해 5만 명 이상 국민, 8개 이상 칸톤으로부터 요구가 있을 때 실시된다. 국민투표 요구가 없거나 투표에서 승인되었을 경우 법은 공포 후 100일이 지나면 효력을 발생한다.

스위스의 국민발안 또는 폐기 국민투표 절차 가운데 우리나라와 다른 것으로 눈여겨볼 것 첫째는, 국민발안은 발안위원회가 철회하지 않는 한 국민투표로 넘어간다는 것이다. 국민발안이 국민적 토론의 대상이 될 가능성이 클 수밖에 없다. 국민투표 자동회부방식은, 국민발안에

　　　　　　　　　　　　　　　　　　　국민입법제를 도입하자

대한 최종결정권을 국민이 갖는다는 점에서 국민주권원리에 더 잘 맞는다. 청구인이 발의 외에는 어떤 권한도 갖지 않는 우리나라 주민조례 제정청구제도와 큰 차이다.

두 번째는 투표율을 따지지 않는다는 점이다. 투표율 정족수를 두면 투표에 참여하지 않는 사람을 모두 의안에 반대하는 것으로 간주하는 셈인데, 투표에 참여하지 않는 것은 결정을 투표 참여자에게 맡긴 것으로 보아야지 반대표결로 간주하면 안된다는 이유다.

스위스의 현대 직접민주주의 사례는 유럽연합 차원으로 확대되고 있다. 2007년 '유럽의회의 권리를 통한 민주주의 유럽 위원회(베네치아 위원회)'는 '레퍼렌덤 시행 수칙 code of conduct(2007. 3. 17.)'을 채택하고, '국민발안의 법안 마련에 관한 권고 1/ⅩⅤ(권고 797/2014)'를 내놓았다. 유럽연합은 2009년 리스본 조약에 '유럽 시민들의 발안제 European Citizen's Initiative : ECI'를 도입, 2012년 4월부터 시행하였다. 아직은 발의에 그칠 뿐 국민투표 회부권은 없지만, 중요한 시작이 이루어진 것은 분명하다.

미국

미국에서 직접민주주의제도인 국민발안, 폐기 국민투표가 본격적으로 도입된 것은 19세기에서 20세기로 넘어가는 때다. 당시 철도 건설을 둘러싸고 정치와 경제의 유착이 심각한 문제가 되고 부패가 심해지자, 직접민주주의를 도입하여 부패를 막고 지역 보스와 로비스트들의 힘을 억제하고자 한 것이다. 미국의 직접민주주의 도입은 스위스를 모델로 삼은 것인데, 오리건주가 1902년 국민발안과 국민투표를 도입한 것을 시작으로, 전체의 절반 가량의 주가 1918년 이전에 직접민주주의를 도입하였다. 현재 미연방 가운데 18개 주에서 헌법 국민발안제가 시행되고, 21개 주에 법률 국민발안제가 있다. 폐기 국민투표제는 24개 주에 존재한다.[16]

발안요건이나 제한사항, 통과된 법률의 존속 보장 등에서 주마다 차이가 있지만, 대부분의 주에서는 직접적 국민발안(의회 심의 없이 직접 국민투표에 회부)만 인정하고, 매사추세츠 등 일부 주에서만 의회가 부결하거나 의결하지 않을 때 국민투표에 회부하는 방식을 취한다.

캘리포니아 주는 직접적 국민발안만 인정하는데, 절차는 다음과 같다. 국민발안을 하고자 하는 자가 주 법무심의관의 검토와 성안을 거친 발의안을 2천 달러의 기탁금(국민투표 회부시 반환)과 함께 주 법무장관에게 제출하면 주 법무장관은 30일의 의견제출기간 동안 이를 웹사

---

16) 이기우, 위의 책, 229~235쪽.

국민입법제를 도입하자

이트에 게시한 후 주정부 차원의 재정 및 비용에 관한 평가를 거쳐 주의회에 송부한다. 주의회는 공청회를 개최할 수 있으나 발의안을 수정하거나 폐기할 수 없다. 이후 주정부가 정한 개시시점으로부터 최대 180일간, 직전 주지사 선거 유효투표 수 기준으로 주 법률개정안은 5%, 주 헌법개정안은 8% 이상의 서명을 얻어야 한다. 서명을 완료한 국민발의안에 대한 국민투표는 주의회 의원 선거와 동시에 실시된다.

주 단위에서 국민발안제는 상당히 활발하게 이용되는 편인데, 1911년 국민발안제도를 도입한 캘리포니아주를 예로 들면, 2016년까지 총 1,952건의 국민발의안이 발의되었고, 서명요건 등을 충족한 376건이 국민투표에 부쳐졌고 이 중 132건이 채택되었다. 주의원 임기 제한(1990년), 의료용 마리화나 합법화(1996년) 등이 채택된 국민발안에 포함되어 있다.

대부분의 주에서 직접적 국민발안만 인정하고 있다는 것, 투표정족수가 없고 투표자 과반수 찬성으로 국민발안을 가결하는 주가 많다는 것, 국민발안으로 확정된 법률에 대해서는 개정 금지 기간을 두거나 개정요건으로 의회의 2/3 이상의 찬성과 같은 특별가중정족수를 두어 보장을 강화하는 사례 등이 특기할 만하다.

우루과이[17]

우루과이는 2001년 아르헨티나의 외채 채무불이행 선언 직후 남미 지역의 국제무역이 침체되자 그 영향으로 경제위기를 맞았다. 2002년 3월, 우루과이 정부는 IMF 구제금융을 받기 위해 전국 상하수도서비스를 포함하여 경제 전반에 걸쳐 민영화를 급속히 확장할 것을 약속하는 IMF와의 협정문에 서명했다. 우루과이에서는 1952년 이래 국영 상하수도 사업체 OSE(Obras Sanitarias del Estado)가 전국에 물을 공급했다. 수도 몬테비데오는 예외적으로 자체 상수도 공급체계를 운영했다. 세계은행은 OSE가 "남미의 상하수도 관련 대기업 중에서도 가장 비효율적인 편"이며 우루과이에서 "공공부문 정리해고가 법적으로 제약되는 데 기여하는 핵심 원인"으로 꼽힌다고 하면서, "민간기업의 참여기반을 강화하기 위한 관련법 개정"과 "몬테비데오 상수도 공급시스템의 운영계약 민간 양도"를 금융 지원 조건으로 내세웠다.

그러나 상하수도가 민영화되자 수도 요금 폭등과 질 저하가 이어졌다. 스페인 기업이 소유한 민간기업 우루구아는 말도나도 주에서 상하수도를 공급하면서 수도 요금을 700% 인상했다. 기업손실이 발생하면

---

17) 우루과이 직접민주주의 관련 내용은 임수진, 「우루과이 직접민주주의 제도의 작동과 정치적 효과」, 『세계지역연구논총』 36집 4호, 2018, 41~43쪽; 한국노동사회연구소, 2013. 5. 24., 「우루과이, 물 사유화를 국민투표 통해 법으로 금지하다」 관련 부분을 인용하였다.

우루과이 정부가 공적 자금을 투입해야 한다는 계약서 조항에 따라 정부의 손실 규모도 커져갔다.

2002년 10월, '물과 생명 보호를 위한 국가위원회'는 기본권 확보와 공동의 이익을 위하여 물 민영화 반대 국민투표를 제안했다. 헌법 제47조에 깨끗한 물을 충분히 공급받을 권리를 기본권으로 보장한다는 내용을 포함시키자는 것이었다. 국민투표운동에는 국영 수자원공사 노조, 포도재배농민중앙회, 소비자연합, 여성연합, 전국교직원노동조합, 학자, 집권 여당을 제외한 정당들이 참여했고, 1년 반 동안 전국적으로 750회가 넘는 토론회가 개최되었다. 2004년 10월 31일 시행된 국민투표에서는 전체 유권자의 65%가 투표에 참여하고, 63%의 지지로 헌법 제47조 "물은 인간의 기본권이다"가 통과되었고, 이에 이어 2006년 9월 정부는 우루과이 내 모든 다국적 수도회사를 국유화했다.

이 국민발의 국민투표는 국제 환경단체인 '지구의 친구들'(Friends of Earth International)로부터 "직접민주주의 수단을 통해 국가의 헌법 안으로 이러한 원칙들을 삽입했다는 점에서, 수자원 보호를 위한 세계적인 모범으로서 자리매김되어야 한다", "우루과이의 헌법 개정은 다국적기업의 공격에 맞서 자연자원의 보호권과 주권을 지켜냈고, 이는 우루과이의 국경을 넘어 전 지역에서 강력한 정치적 선례를 마련한 것이다"는 평가를 받았다.

우루과이 사례에서 특기할 만한 것은, 직접민주주의가 정당정치를 활성화하며 대의민주주의를 보완하는 실례를 보여준다는 것이다. 직접민주주의제도를 통해 시민사회와 정당이 함께 활동하는 경험은, 시민들은 정당에 대해 더 가깝게 느끼고 당원이 되며, 정당은 당원 중심의 정책 정당으로 발전하는 효과를 만들어낸다. 또한 직접민주주의 제도는 소수정당이 다수당의 횡포에 저항할 수 있는 합법적인 기회를 제공한다. 직접민주주의가 정당을 배제하는 것이 아니라 정당의 강화와 발전을 촉진한 실례다.

5

우리나라에도
직접민주주의제도가
있나?

한국에 도입된 제도들 가운데 직접민주주의 요소를 담은 것으로 국가 차원에서는 국민투표, 지방자치단체 차원에서는 주민발의, 주민투표, 주민소환, 주민감사청구, 주민소송이 거론된다. 그러나 직접민주주의에 충실한 제도들은 일시 도입되었다가 시행되지 못한 채 사라졌고, 현재 시행되는 제도들이 직접민주주의제도로 자리잡기 위해서는 중요 부분의 개선이 필요하다.

국가 차원

폐기 국민투표제

우리 헌법에도 폐기 국민투표제가 도입된 적이 있다. 1954년 개정헌법에서 주권의 제약 또는 영토의 변경을 가져올 국가 안위에 관한 중대 사항에 대해 국회 가결 후 1개월 이내에 유권자 50만 명 이상이 발의해 국민투표를 실시하고, 찬성을 얻지 못하면 국회 가결사항은 효력을 잃는다고 규정한 것이다. 그러나 이 조항은 실제 시행되지 못한 채로 쿠데타로 집권한 박정희 정부 하의 1962년 개정헌법에서 삭제되었다.

개헌안 국민발의제

국민투표까지 이어지는 국민발안제에는 미치지 못하지만, 국민의 개헌안 발의 규정을 둔 적도 있었다. 이승만 정권을 무너뜨린 4.19혁명 이후 만들어진 1960년 개정헌법에서, 유권자 50만 명 이상이 헌법 개정을 제안할 수 있다고 한 것이다. 그러나 이 역시 적용된 바 없이 1972년 개정된 이른바 유신헌법에서 삭제되었다.

위로부터 국민투표

이처럼 직접민주의제도의 첫걸음을 뗄 근거규정들을 삭제하면서, 박정희 정권은 1972년 개정 유신헌법으로 대통령의 국민투표회부권을 새로 만들었다. 직접민주주의라고 볼 수 없는 '위로부터 국민투표'의 근거규정이다. 실제로 이에 따라 1975년 2월 12일 박정희 유신체제를 강화하기 위한 신임투표가 실시되었다. 당시 유신헌법에 대한 비판이 높아지자, 박정희 대통령은 유신헌법에 대한 찬반 투표를 실시하고 이를 대통령에 대한 신임투표로 간주하겠다고 공언했고, 투표율 79.8%, 찬성률 74.4% 라는 압도적인 결과를 얻어내 독재 유지의 근거로 삼았다.

이 조항은 1980년 헌법개정시 국민투표에 부칠 수 있는 대상이 '국가의 중요 사항'에서 '외교·국방·통일 기타 국가안위에 관한 중요정책'으로 표현만 일부 바뀐 상태로 남아 있다. 그러나 유신헌법 찬반 투표 외에 이 조항에 따른 국민투표가 실시된 일은 없다.

국민입법제를 도입하자

의무적 국민투표

1962년 헌법개정시 국회가 의결한 헌법개정안에 대해 의무적 국민투표가 도입되었다. 이 조항은 그 후 헌법개정시마다 적용되었고 현행 헌법에도 존재한다.

하지만 1987년 헌법개정 이전 박정희 전두환 정권에서 이뤄진 헌법개정은 모두 민주주의 확대가 아니라 집권자의 권력 유지를 위한 것이었다. 1969년 헌법개정은 박정희 대통령 3선 허용을 위한 것이었고, 1972년 헌법개정은 대통령 직선제를 통일주체국민회의의 간접선거제로 바꾸고 대통령이 국회의원 1/3을 지명하는 '유신헌법'을 만들기 위한 것이었다. 전두환 정부의 1980년 헌법개정 내용도 선거인단에 의한 대통령 간접선거 실시와 7년 단임제였다. 이 헌법개정들은 모두 정권 강화 수단에 불과했으므로, 당시 실시된 국민투표는 실제로 '위로부터 국민투표'로 보아야 한다는 평가도 있다.

제도	관련 조문	경과
국민 거부권	1954년 개정 헌법 제7조의2 대한민국의 주권의 제약 또는 영토의 변경을 가져올 국가 안위에 관한 중대 사항은 국회의 가결을 거친 후에 국민투표에 부하여 민의원 의원선거권자 3분지 2 이상의 투표와 유효투표 3분지 2 이상의 찬성을 얻어야 한다. 전항의 국민투표의 발의는 국회의 가결이 있은 후 1개월 이내에 민의원 의원선거권자 50만인 이상의 찬성으로써 한다. 국민투표에서 찬성을 얻지 못한 때에는 제1항의 국회의 가결사항은 소급하여 효력을 상실한다. 국민투표의 절차에 관한 사항은 법률로써 정한다.	적용 사례 없음 1962년 삭제

개헌안 발의권	1960년 개정 헌법 제98조 ① 헌법개정의 제안은 대통령, 민의원 또는 참의원의 재적의원 3분지 1 이상 또는 민의원 의원선거권자 50만인 이상의 찬성으로써 한다.	적용 사례 없음 1972년 삭제
위로부터 국민투표	1972년 개정 헌법 제49조 대통령은 필요하다고 인정할 때에는 국가의 중요한 정책을 국민투표에 붙일 수 있다.	1975. 2. 12. 유신헌법 찬반 투표 실시 1980년 개정 헌법에서부터 국민투표 부의대상을 "외교·국방·통일 기타 국가안위에 관한 중요정책"으로 규정
의무적 국민투표	1962년 개정 헌법 제121조 ①헌법개정안은 국회가 의결한 후 60일 이내에 국민투표에 붙여 국회의원선거권자 과반수의 투표와 투표자 과반수의 찬성을 얻어야 한다.	1969년부터 헌법 개정마다 계속 적용 현행 헌법까지 존속

지방자치단체 차원

지방자치단체 차원에서는 2000년 주민발의제와 주민감사청구제가 시행되었고, 2004년 주민투표제, 2006년 주민소송제, 2007년 주민소환제가 시행되었다.

주민발의제

주민발의제는 주민들이 지방자치단체장에게 조례 제정등을 청구할 수 있는 제도다. 광역지자체와 인구 50만 이상 대도시에서는 청구권자 1% 이상, 기초지자체에서는 2% 이상 동의가 청구요건이다. 지자체장은 청구를 받은 날부터 60일 안에 주민청구소례안을 지방의회에 부의해야 한다.

그러나 현재의 주민발의제를 직접민주주의에 충실한 제도라고 하기는 부족하다. 조례제정청구인들은 조례안을 발의할 권한만 있을 뿐 이를 주민투표에 부칠 권한을 전혀 갖고 있지 않기 때문이다. 주민조례안에 대해 지방의회의 심의 의결 기한이 정해져 있지 않고, 지방의회가 아예 의결하지 않거나 부결해도 그만이다. 청구인들이 더 할 수 있는 것이 없다. 주민조례안 가운데 20% 가량은 토론 대상도 되지 못한 채 '임기만료폐기' 처리되고 만다.

국민입법제를 도입하자

정부는 2019년 3월 29일 '주민조례발안에 관한 법률안'을 제출했는데, 주요 내용은 다음과 같다. 첫째, 청구요건을 특별시, 인구 800만 이상 광역시, 도에서는 청구권자 0.5%, 기초지자체에서는 1% 이내 등으로 완화하고, 둘째, 지방의회는 주민조례안 수리일부터 1년 이내에 조례안을 의결해야 하며 본회의 의결로 1회 1년 이내 기간만 연장할 수 있고, 셋째, 주민조례안은 지방의회 의원 임기가 끝나더라도 다음 의원 임기까지는 임기만료폐기되지 않도록 한다는 것이다.

주민조례안에 대해 지방의회 의결 기한을 정하고 임기만료 폐기를 막는 것은 의미있는 진전이다. 하지만 이것만으로는 미흡하다. 주민발의제가 직접민주주의제도로 자리잡게 하려면, 의회가 부결 또는 대안을 의결할 때 청구인 대표자가 조례안을 철회하지 않는 한 주민투표에 자동회부되는 주민발안제로 발전시켜야 한다.

주민투표제

주민투표제는 주민투표권자 5%~20% 범위 안에서 각 지방자치단체 조례로 정하는 수 이상의 주민이 주민에게 과도한 부담을 주거나 중대한 영향을 미치는 지자체의 주요결정사항으로서 그 지자체 조례로 정하는 사항에 대해 투표를 실시하도록 청구할 경우 지자체장이 투표를 실시하게 하는 제도다. 지방자치가 부활된 후 1994년 개정된 지방자치법

제13조의2 제1항에서 주민투표제도를 도입하기는 했지만, 이것은 주민투표를 실시할지 여부를 지자체장의 재량에 맡기는 것이었다. 지자체장이 투표를 실시할 의무를 지게 된 것은 2004년 주민투표법 제정 이후다.

주민투표법의 가장 큰 결함은 이른바 '재정금기'를 둔 데 있다. '지방자치단체의 예산·회계·계약 및 재산관리에 관한 사항과 지방세·사용료·수수료·분담금 등 각종 공과금의 부과 또는 감면에 관한 사항'은 주민투표 대상이 될 수 없게 한 것이다. 하지만 주민생활에 관계되는 지자체 중요 사항 중 상당수가 지자체의 계약 또는 예산과 관련되어 있다. 이 제한을 그대로 두고서는 주민투표의 상당수가 아예 봉쇄될 위험이 있다.

단적인 예가 2015년 경남 학교 무상급식 관련 주민투표가 무산된 일이다. 경상남도는 경상남도 교육청과 사이에 학교 무상급식 예산 지원 계약을 체결하고 학교 무상급식을 실시하고 있었다. 그런데 홍준표 경남도지사는 이 계약 이행을 중단했다. 이에 친환경무상급식지키기 경남운동본부는 2015년 2월 5일 '학교 무상급식 지원 합의서의 이행에 대한 찬반투표'를 실시하기로 하고, 서명자 모집을 위해 경남도지사에게 청구인 대표자 증명서 교부를 신청했다. 하지만 홍준표 지사는 지자체 예산 관련 사항이어서 주민투표 대상이 되지 않는다는 이유로 대표자 증명서 교부를 거부했다. 창원지방법원은 경남도지사의 손을 들어주었

국민입법제를 도입하자

다(창원지방법원 2015. 8. 11. 선고 2015구합262 판결). 결국 주민투표 추진은 중단되었다. '재정금기'는 반드시 삭제되어야 한다.

지금의 주민투표제는 지자체의 주요 결정사항에 대해 청구할 수 있다고 되어 있을 뿐, 의회에서 의결된 조례를 일정 기간 이내에 주민투표에 회부해 폐기할 수 있는 제도는 아니다. 폐기 주민투표 도입도 필요하다.

주민소환제

주민소환투표청구권자 10%~20% 범위 안에서 각 지자체 조례로 정하는 수 이상 주민의 청구로 지자체장·의원(비례의원 제외)에 대해 주민소환투표를 실시해 1/3 투표와 과반수 찬성으로 직을 상실시키는 제도다. 2006년 주민소환에 관한 법률이 제정된 후 주민소환이 이루어진 사례는 2007년 7월 하남시장과 시의원 3인에 대해 하남시 유권자들이 청구한 주민소환투표에서 시의원 2인이 소환된 것이 유일하다. 투표정족수 요건이 높다는 것이 주민소환제 시행에서 가장 큰 장벽이다. 비례의원에 대해서는 소환제도가 마련되어 있지 않은 것도 개선이 필요하다.

주민소환제는 구체적인 사안에 대한 의사결정제도가 아니라 사람에 대한 책임추궁제도라는 점에서 좁은 의미에서는 직접민주주의제도에 포함되지 않는다고 보기도 한다.

제도	도입	개요	근거규정
주민발의제	2000년	유권자 1~5%가 조례제정·개정·폐기를 지방자치단체장에게 청구할 수 있는 제도.	지방자치법 제15조
주민감사 청구제	2000년	주민 200~500명이 해당 지자체 사무 처리가 법령에 위반되거나 공익을 현저히 해친다는 이유로 국가 또는 상급 지자체에 감사를 청구할 수 있는 제도.	지방자치법 제16조
주민투표제	2004년	주민투표권자 5~20%가 주민에게 과도한 부담을 주거나 중대한 영향을 미치는 지자체의 주요결정사항으로서 그 지자체 조례로 정하는 사항에 대해 지자체장에게 주민투표 실시를 청구할 수 있는 제도.	지방자치법 제14조 제2항 주민투표법 제9조 제2항

주민소송제	2006년	지자체의 공금지출, 재산 취득·관리·처분, 계약 체결·이행, 지방세 등 부과·징수에 대해 주민감사청구한 주민이, 위법행위나 업무를 게을리한 사실에 대해 해당 지자체장을 상대로 소송을 제기할 수 있는 제도.	지방자치법 제17조 지방자치법 제20조
주민소환제	2007년	주민소환투표청구권자 10~20% 청구로 지자체장·의원(비례의원 제외)에 대해 주민소환투표를 실시해 1/3 투표와 과반수 찬성으로 직을 상실시키는 제도.	주민소환에 관한 법률 제7조 제1항

6

직접민주주의제도를
만든다면 어떻게?

"직접민주주의의 영혼은 토론이다."[18]

제도 설계의 전제

직접민주주의제도 설계의 전제는, 직접민주주의의 핵심 요소 두 가지를 갖춘 제도여야 한다는 것이다. 첫째, 직접민주주의는 사람에 대해서가 아니라 중요한 이슈에 대해 결정을 내리는 것이다. 국회의원이나 대통령 선거와는 별도로 사안별 국민투표를 통해 특정 현안들에 대해 국민들이 모두 함께 스스로 결정하는 제도여야 한다.

둘째, 직접민주주의는 '아래로부터 올라오는 것'이다. 권력분산과 국민의 권한 강화에 이바지하려면, 일정 수 이상의 유권자들이 입법안 제안부터 국민투표 회부, 의결과 발효까지 관철시킬 권한을 가져야 한다. 발의안이 의회에서 기각되거나 다뤄지지도 않는 경우 국민투표에 부쳐지게 하지 않는다면, 그저 의회를 자극할 권리에 지나지 않는다. 발안을 국민투표에 회부할지 결정도 발안한 국민들이 내릴 수 있어야 한다. 원칙적으로 발안위원회가 제안을 철회하지 않는 한 국민발의안은 국민투표에 회부되도록 제도를 만들어야 한다.

18) 베네딕토, 위의 책, 49쪽.

정족수 기준이 너무 높으면 안된다

국민들에게 결정권을 행사하게 하는 직접민주주의의 주된 목표는 국민의 참여를 확대하는 것이다. 그런데 발의정족수나 투표정족수 기준이 너무 높아 달성하기 어려울 정도면 국민들의 참여 의지를 가라앉히게 된다.

스위스 칸톤에서는 발의정족수로 평균 유권자의 2.3%를 요구하고, 투표정족수는 아예 두지 않는다. 이탈리아에서는 발의정족수로 전국 차원의 폐지 국민투표 요청시 유권자의 약 1.1%를 요구한다. 대만은 2018년 1월, 법률 개정 및 국정 현안 정책에 관한 국민투표 실시에 관한 '공민투표법'상 공민투표 실시 요건을 유권자의 5%에서 1.5%로, 투표정족수를 50%에서 25%로 낮췄다.

우리나라의 지방자치법 제15조 조례제정개폐청구는 발의정족수를 각 지자체 조례로 정하도록 하면서, 그 상한과 하한을 법에 정해 놓았다. 광역지자체와 인구 50만 이상 대도시에서는 주민의 1%~1.33%(1/70), 기초지자체에서는 2%~5% 범위에서 조례로 정하는 수 이상의 주민동의를 요구한다. 이에 대해 정부는 '주민조례발안에 관한 법률안'으로 발의정족수를 청구권자의 0.5%~1%로 낮추기를 제안했다. 필요한 변화다. 주민투표청구는 주민투표권자 5%~20% 범위 내에

국민입법제를 도입하자

서 조례로 정하는 수 이상 주민의 동의가 있어야 하는데, 이 요건도 낮춰야 한다.

현실에서 주로 문제되는 것은 투표정족수다. 주민투표제와 주민소환제 모두 유권자 1/3의 투표를 요구하는데, 이를 충족하지 못하는 경우가 많고, 지자체측에서 투표율을 낮추기 위해 개입하는 사례가 있었다는 보고도 있다. 투표참여를 높이기 위해서는, 투표정족수를 아예 두지 않는 스위스 사례도 고려할 필요가 있다. 그렇지 못하더라도 최소한 지금의 투표정족수는 낮추는 것이 바람직하다.

토론에는 시간이 필요하다

민주주의는 '토론에 의한 통치'[19]여야 한다. 직접민주주의는 '대화하는 정치'다. 인민에 대한 인민의 제안으로서 국민입법제는 대화의 이념을 체화한 것이다.

심사숙고와 토론, 만남 그리고 상호작용은 시간을 필요로 한다. 서로 다른 이해관계와 조직에 속해 있는 사람들 사이에 상호 이해와 타협을 이끌어내는 노력에도 시간이 필요하다. 필요한 시간이 보장되지 않으

---

19) 아마르티아 센 지음, 이규원 옮김, 『정의의 아이디어』, 생각의날개, 2019, 364~365쪽.

면 그런 절차들은 어떤 경우에든 도전받기를 바라지 않는 기득권층에만 유리하게 작용할 것이다. 충분한 시간 없이는 사회통합을 이루어내는 것도 불가능하다. 이를 항상 염두에 두고 절차상의 매 단계마다 충분한 시간을 확보하는데 주의를 기울여야 한다. 서명 받는 기간을 최소한 6개월 내지 1년으로 잡는 것이 도움이 될 것이다.

이것은 결코 쫓고 쫓기는 게임이 아니다. 시간이 충분해야만 진지하게 발의에 임할 수 있고, 타협의 여지를 넓힐 수 있으며, 시스템과 절차의 합리성을 증대시킬 수 있기 때문이다. 직접민주주의는 패스트푸드 그 이상의 것이다.[20]

정기적인 투표일을 정해야

스위스에서는 국민투표와 총선을 병행하지 않는다. 의원 선출 선거와 따로, 연 3회의 국민투표일이 미리 정해져있다. 투표일 이전에 발의된 연방 정부, 주 정부, 지방정부 관련 사안이 함께 안건에 오른다.

반면 캘리포니아 주에서는 선거와 국민투표를 동시에 실시한다. 캘리포니아에서 국민투표는 통상 2월 5일(대통령 예비선거), 6월 3일(주

20) 카우프만, 위의 책, 144~149쪽.

예비선거), 11월 4일(대통령 선거)에 실시된다.

우리 주민투표법은 선거일 60일 전부터 선거일까지는 주민투표를 실시할 수 없도록 한다. 공직자를 선출하는 선거와 구체적인 현안에 대한 결정을 내리는 주민투표는 구별되어야 한다고 보기 때문이다. 이것이 직접민주주의제도의 본질에는 더 잘 맞을 것이다.

가장 중요한 것은, 투표일을 미리 정기적으로 정해놓고 그 이전에 국민투표에 회부된 사안들을 모아 투표를 실시하도록 정례화하는 것이다.

금기사항을 두어야 하는가?

어떤 내용을 국민발안의 대상에서 제외하는 제한을 두어야 할까?

국민발안의 내용을 제한하는 사례 가운데 가장 많은 경우는 예산·재정 관련 사항이다. 이탈리아는 의회나 지방의회 등의 구성이나 해당 정치 기구의 예산 관련 법규를 국민발안 대상에서 제외한다. 독일의 모든 주는 국민발의와 국민투표제를 갖고 있지만, 함부르크, 헤센, 바이에른, 작센 주에서만 의제에 거의 제한을 두고 있지 않고, 대부분의 주에 있어서 주정부의 예산, 조세, 공무원 봉급 등에 대해서도 국민발의가 허용되고 있지 않다. 독일에서는 이를 재정금기, 재정유보, 재정배제조항 등으로 부른다.

우리 지방자치법 제15조 제2항 제2호는 주민조례제정청구시 '지방세·사용료·수수료·분담금 등 각종 공과금의 부과 또는 감면에 관한 사항'은 청구할 수 없도록 제한하고 있다. 주민투표에서는 제한대상이 더 넓다. 주민투표법 제7조 제2항 제3호는 '지방자치단체의 예산·회계·계약 및 재산관리에 관한 사항과 지방세·사용료·수수료·분담금 등 각종 공과금의 부과 또는 감면에 관한 사항'을 주민투표에 부칠 수 없다고 제한한다. 독일의 재정금기와 비슷한 접근이다. 다만 '제주특별자치도 설치 및 국제자유도시 조성을 위한 특별법' 제28조 제1항은 도지사로 하여금 도 조례로 정하는 예산 이상이 필요한 대규모 투자사업은 주민투표에 회부할 수 있다고 하여, 제주도에 국한해 재정주민투표를 인정하고 있다.

조세는 국민들의 관심이 매우 많은 분야다. 어떤 조세를 누구에게 얼마나 부담시킬지 결정은 정치의 으뜸가는 중요 쟁점이다. 입헌주의와 근대 시민혁명은 일방적이고 부당한 과세에 대한 저항으로부터 시작했다. 국세와 지방세를 포함한 각종 공과금의 부과 또는 감면은 국민발안과 주민발안의 대상에 포함되어야 한다.

예산 역시 주민투표의 대상에서 배제할 이유가 없다. 오히려 스위스에서는 보드(Vaud) 주를 제외하고는 모든 주가 공공지출, 차입, 특정

　　　　　　　　　　　　　　　국민입법제를 도입하자

수준 이상의 비용에 관한 결정 안은 의무적 또는 선택적인 재정 국민투표를 거쳐야만 한다. 국민발안과 주민발안, 국민투표와 주민투표 모두에서 재정 금기를 두어서는 안된다.

그 외에 다른 제한을 두는 경우로는 이탈리아의 기본권 침해 가능성 심사를 들 수 있다. 국민발안법률에 대해 구조적 소수자들이 향후에 잠재적으로 겪을 수 있는 기본권이나 반차별법 침해가능성을 조사하고, 침해가능성이 있다면 최고재판소의 결정으로 국민투표에 회부되지 않도록 하는 것이다.

이와 달리 스위스에서는 소수자들의 권리를 제한하는 법률도 국민발안되어 승인되기도 하였다. 미국에서도 소수자의 권리를 제한하는 법률이어도 국민발안 자체는 제한되지 않는다. 캘리포니아의 '14번 제안(proposition 14)'이 대표적인데, 아프리카계 미국인에게 불이익을 주는 부동산 주인의 손을 들어주기 위한 것이었다. 이 발의는 유권자들의 찬성으로 입법되었지만, 결국 미국 연방대법원에서 위헌 판결을 받았다.

또 다른 사례로는 국민발안이 국제법상 강제규범에 위배되는 경우 해당 발의는 무효라고 정하는 스위스 연방헌법이 있다. 스위스 연방정부는 대량학살, 노예제도, 고문, 처벌의 위험이 분명한 난민의 강제 송환, 인종과 종교 및 신념에 근거한 차별을 금지하는 유럽연합과 국제연

합의 각 협정들을 국제법상 강제규정으로 정하고 있다.

원칙적으로 국민발안의 내용에는 제한을 두지 말아야 할 것이다. 다만 과거의 행위에 소급하여 형벌을 부과하는 법률처럼 위헌임이 명백한 법률, 참정권을 박탈하거나 제한하는 것처럼 국민주권실현에 역행하는 법률, 국가의 책임을 면제하는 법률은 국민발안 대상이 될 수 없게 해야 한다.

그 밖에 형식적 요건으로는 스위스 연방헌법과 같이 형식 통일의 원칙(국민발의가 일반적 제안이거나 구체적 제안이거나 법안 초안이거나 일관되어야 한다는 것), 내용 통일의 원칙(의제가 어느 한 특정 의제로 국한되어야 하고, 발의된 제안의 서로 다른 부분에는 일정한 연결성이 있어야 한다는 것. 서로 다른 내용의 제안이라면 별도 제안으로 발의해야 한다는 것) 등을 요구할 수 있을 것이다.

비용 공공 지원

선거를 치르는 정당들처럼, 발안하는 시민들도 서명 운동 비용을 공적으로 지원받을 권리를 가져야 한다. 제안서 작성 시의 법률 자문, 서명 모음, 국민투표운동, 정보 전달 등에는 상당한 비용이 든다. 작은 단체들, 조직도 돈도 없는 국민들은 이를 감당하기가 힘들다. 발안 과정

국민입법제를 도입하자

에서 발생한 비용 가운데 일정액을 선거 운동 비용 지급과 유사한 방법으로 보전하는 것이 필요하다. 그래야 경제적으로 취약한 개인이나 단체들도 발안위원회를 구성하고 발안에 나설 수 있다.

7

국민입법제 도입을
위한 헌법과 법률 개정

헌법 개정

국민입법제를 도입하려면, 국민들이 국민발안제와 폐기 국민투표제
를 활용할 수 있게 되려면 헌법을 개정해야 한다. 현행 헌법 제40조는
"입법권은 국회에 속한다."라고 하여 국회가 입법을 전담하는 것으로
정하기 때문이다.

국민입법제 도입에는 두 가지 방법이 있다. 첫째, 제40조를 "입법권
은 국민 또는 그 대표기관인 국회가 행사한다." 등으로 바꾸는 것이다.
2018년 1월 보고된 국회헌법개정특별위원회 자문위원회안이다. 둘째,
제40조는 그대로 둔 채 국민입법권 인정 조항을 추가할 수도 있다. 문
재인 대통령이 2018년 3월 26일 발의한 헌법개정안이 이 방식이다.

현행 헌법	제40조 입법권은 국회에 속한다.
국회 헌법개정특위 자문위원회안	(제40조 개정) 입법권은 국민 또는 주민이 직접 행사 하거나 그 대표기관인 국회와 지방의회가 행사한다.
대통령 개헌안	(제40조 현행 유지) (신설) 제56조 국민은 법률안을 발의할 수 있다. 발의 의 요건과 절차 등 구체적인 사항은 법률로 정한다.

대통령 개헌안은 대통령의 제안에 국민발안권을 담았다는 점에서 의미가 크다. 하지만 개헌안으로서는 부족한 점이 있다. 국민발안권 행사 시 발의요건, 처리시한, 결정방식 등 모든 사항을 법률로 정하도록 하고 있기 때문이다. 이는 일견 국회의 입법형성권을 존중하는 것으로 보이고, 상황에 따른 탄력적 대응에 유리하다. 하지만 국회의 입법권 행사가 국민의 뜻에서 많이 벗어나 있기 때문에 대의제 보완을 위해 직접민주주의 요소인 국민발안권을 인정하자는 것인데, 국민발안 요건 등 모든 사항을 법률로 정하도록 하는 것은 직접민주제의 확대 강화라는 취지와 모순된다는 의견도 있다.[21]

국회헌법개정특별위원회 자문위원회 안은 대통령 개헌안에 비해 국민발안제(개헌안과 법률개정아 포함), 폐기 국민투표제이 근거와 요건, 효과를 자세하게 개헌안에 명시하고 있다.[22] 아래 표의 항목은 모두 신설안이다. 대체로 직접민주주의제도로서 요소를 갖춘 안으로 볼 수 있다.

---

21) 차진아, 「시민의 입법참여와 헌법」, 『외법논집』 제42권 제3호, 2018. 8., 230쪽.
22) 국회헌법개정특별위원회 자문위원회 보고서 2018. 1., 333~334쪽.

국민입법제를 도입하자

국민청구에 의한 법률안 국민투표 (폐기 국민투표)	제100조 ① 국민은 국회의원선거권자 100분의 1 이상의 서명으로 국회가 의결한 법률안에 대해 90일 이내에 국민투표를 청구할 수 있다. 국민투표에서 국회의원선거권자 4분의 1 이상의 투표와 투표자 과반수의 찬성을 얻지 못하면 국회의 의결은 효력을 상실한다. ② 국민투표의 절차는 법률로 정한다.
국민발안제	제100조 ① 국민은 국회의원선거권자 100분의 1 이상 서명으로 법률안과 국가 주요 정책에 대해 발안할 수 있다. 국회는 국민이 발안한 법률안이나 국가 주요 정책에 대해 6개월 이내에 원안대로 의결하거나 대안이나 의견을 제시할 수 있다. ② 국회가 국민이 발안한 법률안이나 정책안을 원안대로 의결하지 않을 경우, 국민이 발안한 날로부터 6개월 이내에 그 안을 대상으로 국민투표를 실시하여야 한다. 국민투표에서 국회의원선거권자 4분의 1 이상이 투표하여 투표자 과반수의 찬성을 얻어야 한다. 국회가 대안을 제시하는 경우, 원안과 대안을 모두 국민투표에 회부한다.

헌법개정안 국민발안	제100조 헌법개정은 국회의원선거권자 100분의 2 이상이나 국회재적의원 3분의 1 이상의 발의로 제안한다. 제100조 ① 국회의원 선거권자가 제안한 헌법개정안은 공고된 날부터 100일 이후 200일 이내에 국민투표에 회부하여 국회의원 선거권자 과반수 투표와 과반수 찬성으로 확정된다. 국회가 대안을 제시하는 경우, 원안과 대안을 모두 국민투표에 회부한다. ② 국회의원이 발의한 헌법개정안은 공고된 날로부터 60일 이내에 국회 재적의원 5분의 3 이상의 찬성으로 의결된다. ③ 국회가 의결한 헌법개정안은 30일 이내에 국민투표를 실시하여 국회의원선거권자 과반수 투표와 투표자 과반수의 찬성으로 확정한다. ④ 헌법개정안이 확정되면 대통령은 즉시 이를 공포하여야 한다.

2020년 3월 6일 강창일 의원 등 148인은 헌법개정에 관해 국민발의권을 신설하자는 취지의 아래 헌법개정안을 발의하면서 4월 15일 총선일에 헌법개정안에 대한 국민투표를 함께 실시하자고 제안하였다. 그러나 이 제안은 국회에서 받아들여지지 않았다.

현행	개정안
제128조 ① 헌법개정은 국회 재적의원 과반수 또는 대통령 의 발의로 제안된다.	제128조 ① 헌법개정은 국회재적의원 과 반수나 국회의원 선거권자 100만인 이상 또는 대통령의 발의로 제안된다.

국민발안제 및 폐기 국민투표제 실시에 관한 법률 제정

국민발안제와 폐기 국민투표제를 신설하는 개헌이 이루어지면 이에 따른 법률이 필요하다. 발안위원회 구성 및 신고 절차를 두는 것이 시작이다. 발안에 필요한 서명 수, 이를 충족했는지 확인절차도 정해두어야 한다. 국회의 심의·의결 기간, 연장 가능하다면 연장 결정의 방법도 정해야 한다. 국민투표 회부 절차, 투표일 지정, 투표정족수 등 기본적인 투표 관련 절차 규정도 필요하다. 국민발안에 내용적·형식적 제한사항을 둘지 여부, 제한사항에 해당할 경우 이를 판단하는 기관 및 이의절차, 발안 심의에 들어간 후 국회와 정부의 수정안 제안권, 발안에 쓰인 비용상환 등 규정도 있어야 한다.

폐기 국민투표제에 대해서도 폐기 발의 서명 요건, 폐기 국민투표 결과에 따른 처리절차 규정이 필요하다.

지방자치단체 차원 주민투표 관련 조항 개정

지방자치단체에 적용되는 주민투표와 주민조례제정청구도 헌법과 법률로 만들어지는 국민발안제 및 폐기 국민투표제와 같은 방향으로 정비해야 한다.

주민조례제정청구권이 단순히 발의안을 제출할 권리에 머무르게 두어서는 안된다. 의회가 발의안을 부결하거나 아예 의결하지 않을 때 주민투표에 회부시켜 결정하는 주민발안권으로 강화되어야 한다. 이 내용을 기본법인 지방자치법에 담는 개정이 필요하다.

또한 주민조례제정청구 절차를 현재는 지방자치법 시행령에서 정하는데, 이를 법률로 규율해 주민들의 절차적 권리를 강하게 보상할 필요가 있다. 주민조례발안에 관한 법률 제정이 있어야 한다. 주민조례발안에 관한 법률에는 청구요건 완화, 지방의회의 의결 시한, 의회가 임기 만료되더라도 의안이 폐기되지 않도록 하는 것 외에, 발안위원회가 원안을 철회하지 않는 한 주민투표에 회부된다는 규정, 투표정족수를 현재의 1/3에서 1/4로 완화하는 규정이 더 들어가야 한다.

주민투표제 관련 법률도 개정되어야 한다. 기본법인 지방자치법에서 주민투표 부의권을 지자체장 외에 주민도 갖는 것으로 명시해야 한다. 주민투표법에서는 지자체 예산 및 회계 등에 관한 사항을 주민투표에 부칠 수 없게 한 재정금기를 없애야 한다. 투표정족수도 현재의 1/3에서 1/4로 완화해야 한다.

또한 지방자치법과 주민투표법에서 폐기 주민투표를 도입해 근거규정과 절차규정을 두어야 한다.

국민입법센터
문을 엽니다

"경쟁력있고 견고한 법적 조언이야말로
직접민주주의에서 모든 활동가들에게
없어서는 안 될 요소"[23]

국민입법센터는 국민입법제도를 만들고 국민들이 이를 활발하게 이
용할 수 있게 돕는 진보적 법률가를 비롯한 전문가들과 활동가들의
모임입니다.

23) 카우프만, 위의 책, 273쪽.

진보적 입법서비스 제공

국민입법센터는 정치에 참여하기 어려웠던 계층의 권리 보장을 위하여, 진보적 시각에서 입법서비스를 제공합니다. 필요한 법률 지식을 나누고 정책 대안을 만들며 법안을 마련합니다. 국민발안제가 도입되지 않은 현 상황에서는 국민동의청원안 작성, 청원인 모집 및 입법운동 컨설팅 및 지원, 의원발의안 작성을 주로 합니다.

국민입법센터 설립에 참여한 법률가와 활동가들은 여러 해 동안 국회와 정당, 변호사단체를 비롯한 시민단체에서 다양한 형태의 입법활동에 참여한 경험을 가지고 있습니다. 최근 몇 년 동안 함께 마련한 입법안으로는 '생애 첫 노동을 인간답게' 청소년노동보호법 제정안, 4인 이하 사업장 노동자와 초단시간 노동자, 특수고용노동자들의 노동권 보호를 위한 '빈틈 없고 차별없는' 근로기준법 개정안, 하청노동자의 교섭권 보장을 위해 '원하청 공동사용자책임'을 도입한 노동조합 및 노동관계조정법 개정안, '모든 일하는 사람에게 고용안전망을' 보장하기 위한 고용보험법 개정안, 요양보호사 노동조건 및 지위향상을 위한 특별법 제정안 등이 있습니다.

입법을 위한 활발한 토론 지원

국민입법제가 성공하려면 많은 국민들이 생각할 시간과 토론할 기회를 갖는 것이 가장 중요합니다. 국민 다수가 쟁점에 대해 의견을 가질 수 있어야 하기 때문입니다. 통과를 목표로 하는 법안일수록, 발의안을 구상하고 마련하는 데서부터 여러 의견들이 토론될 수 있게 해야 하고, 여러 사람들이 민주적으로 참여하고 운영하는 발의위원회를 만들어야 합니다. 입법운동은 폭넓고 진지한 토론을 통해 서로 다른 사람들 사이의 공감을 넓혀나가는 과정입니다.

국민입법센터는 발의안 구상부터 작성까지 전문가와 관련자들이 함께 토론하는 과정을 밟아갈 것입니다. 마련된 발의안에 관한 토론을 이끌 분들을 돕는 것도 국민입법센터의 주요 업무입니다. 국민발의안에 대해 각계 전문가들과 함께 숙의할 자리를 마련하는 일, 국회를 비롯한 정치권에서 발의안에 대한 토론이 이루어지도록 설명하고 촉구하는 일도 함께 하겠습니다.

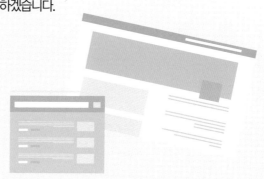

국민입법 플랫폼 제공

국민입법센터는 의원발의안 또는 국민동의청원안 작성, 청원인 모집 및 입법운동 컨설팅을 원하는 국민들이 참여하고 활용할 수 있는 플랫폼을 제공할 예정입니다. 인권신장과 민주주의 진전을 위한 입법을 시도하는 분들이 발의위원회 구성, 활동, 발의자 모집, 기금 모금 등 업무를 플랫폼에서 손쉽게 해나갈 수 있게 될 것입니다.

국민입법제를 도입하자

헌법교육 지원

국민입법제가 잘 작동하려면, 국민들이 헌법 제1조를 떠올릴 수 있어야 합니다. 국민들이 국민발안제를 통해 좋은 법률을 만들어내려면, 헌법에 쓰여있는 기본권을 보장하기 위해 국가는 무엇을 해야 할까 생각해볼 기회가 있어야 합니다. 국민들이 폐기 국민투표제를 통해 나쁜 법률을 막으려면, 헌법의 민주주의 원리에 대해 토론하는 경험이 있어야 합니다. 국민입법센터는 국민들이 헌법을 잘 활용할 수 있도록 각계 각층을 위한 헌법교육을 지원하겠습니다.

국민입법제 도입 개헌운동

국민입법제를 현실화하려면 국민발안제 및 폐기 국민투표제를 도입하는 개헌이 먼저 이루어져야 합니다. 헌법개정이 이루어지면 그에 따라 국민입법제 시행에 관한 법률을 제정해야 합니다. 이미 2018년 1월 국회헌법개정특별위원회 자문위원회가 '국민의 입법권 직접행사, 국민발안제, 폐기 국민투표제, 국민의 헌법개정안 발의권'을 담은 개헌안을 내놓았습니다. 국민입법센터는 국회가 직접민주주의 확대 취지에 충실한 위 개헌안을 의결해 국민입법제 도입의 문을 열 수 있도록 노력할 것입니다.

국민입법센터 **centerforpi@gmail.com**

국민입법제를 도입하자

국민입법제를 도입하자